C.H.BECK WISSEN

Es gibt wenige Bücher, die sich so unangefochten unter den größten Büchern der Weltliteratur behaupten wie *Die Göttliche Komödie*. Dante Alighieri verfasste sie zwischen 1306 und 1321 unter widrigen Umständen. Das gegen ihn verhängte Todesurteil hatte ihn 1301 ins Exil gezwungen. Diese große Krise seines Lebens wollte er ausgleichen, ja überwinden, indem er seinen gleichnamigen Helden an der Seite Vergils und seiner Jugendliebe Beatrice auf eine Reise durch die drei Jenseitsreiche göttlicher Justiz schickte.
Was dieser Held dort sieht oder hört, ist sehr persönlich und zeitverhaftet. Zugleich spiegelt es zweitausend Jahre Geschichte wider, soweit sie ein Florentiner um 1300 kennen konnte. Dante gelang es, antike und christliche Traditionen lebendig zusammenzubringen und dabei neue, in die Renaissance und Moderne weisende Wege einzuschlagen.

Franziska Meier ist Professorin für Romanische Literaturwissenschaft und Komparatistik an der Georg-August-Universität Göttingen.

Franziska Meier

DANTES GÖTTLICHE KOMÖDIE

Eine Einführung

Verlag C.H.Beck

Mit 6 Abbildungen
Schaubilder auf den Umschlaginnenseiten © Peter Palm, Berlin

Originalausgabe

Wilhelmstraße 9, 80801 München, info@beck.de

www.chbeck.de
Satz: C.H.Beck.Media.Solutions, Nördlingen
Druck und Bindung: Druckerei C.H.Beck, Nördlingen
Umschlagentwurf: Uwe Göbel, München
Umschlagabbildung: Dante Alighieri, Fresko von Luca Signorelli
(1500/1504), Dom von Orvieto, akg-images/Nimatallah
Printed in Germany
ISBN 978 3 406 71929 5

www.chbeck.de/nachhaltig
produktsicherheit.beck.de

Inhalt

Einleitung:
In der Mitte unsrer Lebensreise – Nel mezzo del cammin di nostra vita

Auch wer kaum mehr als den Namen Dante Alighieri oder den Titel *Göttliche Komödie* gehört hat, der wird vielleicht in der ein oder anderen Form die ersten Verse daraus kennen. Da ist die Rede von einem Menschen, der in der Mitte des Lebens vom rechten Wege abgekommen ist.

> Nel mezzo del cammin di nostra vita
> Mi ritrovai per una selva oscura
> Ché la dritta via era smarrita.
>
> Grad in der Mitte unsrer Lebensreise
> befand ich mich in einem dunklen Walde,
> weil ich den rechten Weg verloren hatte. (Inf. I 1–3)

Damit ist der Ausgangspunkt einer außergewöhnlichen Reise benannt, die in der *Komödie* geschildert wird. Ein Mann erinnert sich daran, wie er aus höchster Not von dem Schatten Vergils gerettet wurde und an dessen Seite durch die Kreise der Hölle hinunterkletterte, die unwegsamen Terrassen des Läuterungsberges erklomm und schließlich zusammen mit der geliebten Beatrice über die kreisenden Planeten in den Sternenhimmel aufstieg, bis sich ihm sogar das göttliche Licht aufschloss.

In den ersten Versen umreißt der Dichter mit wenigen Worten seine einstige verzweifelte Lage. Er hatte sich verirrt, genauer er war sich auf einmal bewusst geworden, dass er sich verirrt hatte. Und im Mittelalter heißt das meist, dass er sich von Gott entfernt hatte, wenn nicht sogar – aufgrund einer schweren Sünde – von ihm abgefallen war. Dante findet sich in einem dunklen und wilden Wald wieder – schon das vom Lateinischen abgeleitete Wort *selva* bedeutete Gefahr und Verderben.

Die Landschaft ist übrigens keineswegs originell. Vielmehr setzt sie sich aus im Mittelalter weitverbreiteten Topoi zusammen, die indes bei Dante weder künstlich noch abgegriffen wirken. Im Gegenteil, wie uns die Rezeptionsgeschichte der *Komödie* lehrt, vermittelt die knappe Szenerie bis auf den heutigen Tag Lesern in allen Teilen der Welt das Gefühl einer existentiellen Angst und Orientierungslosigkeit.

Von den ersten Versen an lässt Dante keinen Zweifel daran aufkommen, dass er seine eigene, ganz persönliche Geschichte erzählt. Gleich zu Beginn führt er das so charakteristische Wechselspiel zwischen seinem erlebenden Ich, dem Wanderer *Dante*, und seinem schreibenden Ich, dem Dichter *Dante*, ein (ist von diesen beiden literarischen Figuren der *Commedia* die Rede, erscheint der Name im Folgenden kursiv). Wer einmal eine Rezitation der Gesänge, etwa von Roberto Benigni, erlebt hat, der weiß, dass dieses Ich, das in der *Komödie* einmal bei seinem Vornamen *Dante* gerufen wird, die ganze Jenseitswanderung und Dichtung eindrucksvoll beherrschen wird. Es ist *Dante*, der handelt, hört, sieht, riecht, fühlt und redet. Es ist *Dante*, der mit den Worten ringt und das Unglaubliche seinen Lesern begreiflich und plausibel zu machen sucht. Dieses individuelle Ich ist das, was alles zusammenhält. Und diese Setzung war Anfang des 14. Jahrhunderts revolutionär.

Allein aus dem ersten Vers geht ebenso unverkennbar hervor, dass Dante mit seiner eigenen Geschichte zugleich die aller Menschen beschreibt. Was er beschwört, ist die Mitte unseres Lebens, also eine Zeit, in der es, wie man heute sagen würde, zur Midlife-Crisis kommen kann, wenngleich mit unterschiedlicher Härte und existentieller Wucht. Seine persönliche Notlage erweitert Dante mittels des Possessivpronomens *nostra* (*unser*) um etwas, das jeden in der Lebensmitte treffen kann. Im Mittelalter verstand man darunter vornehmlich den sündigen Christen. Die Formulierung ist indes so offen, dass man sie auch jenseits der Religion auf *everyman* beziehen kann, wie es Ezra Pound ausgedrückt hat. In den ersten Versen ist somit jeder Leser eingeladen, sich mit dem Wanderer *Dante* auf den Weg aus dem Dickicht heraus zu begeben. Von Zeitgenossen der totalitären Regime des 20. Jahrhunderts – Primo Levi in Auschwitz oder Ossip Mandelstam und Anna Achmatowa unter der stalinistischen Schreckensherrschaft – wissen wir, dass Dantes *Komödie* für sie zum Vademecum wurde, an dem sie sich in ihrer Verzweiflung und erschütternden Angst ein Stück weit aufrichten und sogar für Augenblicke ihres Menschseins vergewissern konnten.

Über das, was vor dem Eintritt in den Wald liegt und den Protagonisten in die missliche Lage brachte, sagt Dante nichts. Hatte er nicht aufgepasst, war er eingeschlafen oder war die Gegend auf einmal unwegsam geworden? Die Aufmerksamkeit gilt allein dem Zustand der Dunkelheit, des qualvollen Nichtweiterwissens. Zunächst schleppt er sich allein weiter: Vom düsteren Wald gelangt er zu einem Tal voll Wasser, das an das biblische Tal der Tränen gemahnt. Zuletzt erblickt er einen von den Strahlen der aufgehenden Sonne erleuchteten Berg, der ihn wieder Mut fassen lässt. Sein Weg führt ihn somit aus den Niederungen zum Anblick der Höhe, aus der Dunkelheit ins Licht, lauter Topoi, die weitverbreitet sind und die Dante sowohl emotional als Ausdruck von Schrecken und Verheißung als auch allegorisch in ihrem christlichen und moralischen Gehalt ausschöpft.

Der Mut verlässt ihn allerdings alsbald wieder, da ihm der Weg hinauf zur Spitze des Berges versperrt ist. Drei Tiere, erst eine Pantherkatze mit geflecktem Fell, dann ein stattlicher Löwe und schließlich eine abgemagerte hungrige Wölfin, stellen sich ihm entgegen. Sie stehen allegorisch für drei Todsünden, vermutlich für die Wollust, den Hochmut und den Geiz, der zugleich gefräßige Gier nach immer mehr Besitz ist. Hier oszillieren die Verse zwischen autobiographischem Bericht und einer allgemeinen Diagnose der eigenen Zeit. Denn die Todsünden, auf jeden Fall die ersten beiden, belasten *Dante* persönlich, darüber hinaus gehören sie, allen voran der Geiz oder die Gier nach Reichtum, zu den Geißeln menschlichen Zusammenlebens, wie sie gerade auch in sozialen und politischen Krisenzeiten zutage treten, in denen sich Italien damals befand.

Seinem verzweifelt suchenden Blick zeigt sich auf einmal ein

Wesen. Es ist der Schatten des großen römischen Dichters Vergil, dessen Werke der Wanderer so intensiv studierte und sich zum Vorbild erkor. Von ihm erfährt er, dass er an den drei Tieren niemals vorbeikommen werde. Vielmehr müsse er einen Umweg nehmen, nämlich erst nach unten, durch den Höllenschlund. Auf dieser beschwerlichen Reise bietet sich ihm Vergil als Führer an, der ihn bis zu jener strahlenden Bergspitze, auf der sich der Garten Eden befindet, mit Rat und Tat geleiten wird. Dort werde dann eine mit dem Himmel vertraute Selige seine Stelle einnehmen. Damit ist der Aufriss der Wanderung bis zur Wiederbegegnung mit Beatrice, seiner Jugendliebe, skizziert.

Der Einleitungsgesang verdeutlicht das kolossale Wagnis, auf das sich der Wanderer wie der Dichter, aber eben auch der Leser einlässt. Für alle drei steht viel auf dem Spiel. Der verirrte Wanderer *Dante* lässt sich auf ein riskantes Spiel mit dem Feuer ein, denn welcher Lebende war je aus dem Reich der Toten unversehrt zurückgekommen? Der Dichter wiederum stellt höchste, im Grunde skandalöse Ansprüche an sein Werk. Er will seine unerhörten Begegnungen mit dem Transzendenten nicht nur selbst zu Papier, sondern sie obendrein in eine diesem angemessene sprachliche Form bringen. Seine *Komödie* entfaltet somit nicht nur die gefahrenreiche Geschichte einer Reise, die noch niemand machte, sondern auch das stete, häufig verzweifelte Ringen des Dichters mit den beschränkten Möglichkeiten menschlicher Sprache. Mit deren Klängen und Bildern strebt er, das Unerhörte und Unsagbare sagbar und hörbar zu machen. Der Leser schließlich erlebt die Ängste, Sorgen und Freuden des Wanderers mit. Zugleich sieht er sich immer wieder neu herausgefordert, in die verschiedenen Sinnschichten der *Komödie* einzutauchen und sie sich klarzumachen. Auch das Lesen hat seine Klippen, im buchstäblichen wie im übertragenen Sinn.

I. Wer war Dante Alighieri?

1. Dante – die kanonische Biographie

Wer nach einem Bild von Dante Alighieri sucht, wird meistens bei einem Fresko von Domenico di Michelino landen, das 1465 entstand und im Florentiner Dom an prominenter Stelle, ganz nahe am Hauptaltar, angebracht ist. (s. S. 13) Der Ehrenplatz ist weniger dem Status Dantes als Dichter der drei Jenseitsreiche geschuldet als der städtischen Memorialpolitik, die die mächtigen Zünfte im Dom betrieben. Dargestellt ist Dante in voller Größe mit der für ihn so typischen Adlernase und dem entschlossenen Mund. In seiner linken Hand hält er das aufgeschlagene Buch seiner *Komödie*, während sich die rechte ausgestreckt zur andern Seite öffnet. Sie zeigt gleichermaßen auf den Zug der Sünder in die Hölle und auf den weit dahinterliegenden, von einem Engel bewachten Eingang zum Läuterungsberg, über dem die Planeten und Sterne ihre Bahnen ziehen. Auf der von uns aus gesehen rechten Seite verschanzt sich die Stadt Florenz mit den Wahrzeichen der Kuppel und des Turms des Palazzo Vecchio hinter einer Mauer. Der Dichter ist ausgeschlossen, doch überragt er seine Heimatstadt, die sich im 15. Jahrhundert vergebens darum bemühte, seine sterblichen Überreste aus Ravenna an den Arno zurückzuholen.

Dieses Fresko hat dazu beigetragen, dass wir Dante in ein Florenz versetzen, das er, selbst wenn er aus dem Exil heimgekehrt wäre, nicht hätte sehen können. Es könnte zwar sein, dass er Ende des 13. Jahrhunderts von einigen der gewaltigen Bauvorhaben der Stadt hörte, sie vielleicht sogar kraft seines politischen Amtes förderte, aber die Arbeiten begannen erst später. Geplant war seinerzeit eine neue Stadtmauer, die wegen der stark anwachsenden Bevölkerung (Florenz gehörte damals zu den fünf größten Städten in Europa) nötig geworden war, sowie ein eigener Regierungssitz an der Piazza della Signoria, den wir heute Palazzo Vecchio nennen. Zudem wurde der Architekt Arnolfo di Cambio mit dem Bau des Doms betraut, Giotto mit dem des Campanile. Das Florenz Ende des 13. Jahrhunderts müssen wir uns als eine Baustelle und ein Gewirr von Straßen, Häusern und 110 Kirchen vorstellen, aus denen majestätisch das Baptisterium, das heute älteste intakte Bauwerk in der Stadt, mit seinen byzantinischen Mosaiken ragte. Nach diesem San Giovanni, in dem Dante 1266 getauft worden war, sehnte er sich zurück.

Die anachronistische Assoziation Dantes mit dem Florenz der Renaissance auf dem Fresko verrät zugleich eine Crux jeder Beschäftigung mit ihm. Denn lange hat man sich ihm durch den Filter der italienischen Renaissance genähert, die Dante, obgleich er in das von den Humanisten so verachtete dunkle Mittelalter gehört, zu den ihren zählen wollte. Jacob Burckhardt wird in seiner Kulturgeschichte der italienischen Renaissance Dante als den ersten eindrucksvollen Beleg für die um 1300 spürbare Individualisierung des Menschen würdigen, die über 100 Jahre später ihren Höhepunkt erreicht.

Bis heute stützt sich vieles, was wir über Dante wissen, auf spätere Quellen. Das gilt für die ersten Lebensbeschreibungen, die im 14. Jahrhundert Giovanni Boccaccio und im 15. Jahrhundert Leonardo Bruni aus dem Geiste des Humanismus verfassten, ebenso wie für die Anekdoten und Berichte über Ereignisse im Leben des Dichters, die in zeitgenössischen Chroniken, Kommentaren zur *Komödie* aus dem 14. und 15. Jahrhundert sowie in Novellensammlungen überliefert sind. Früh begann der Kult um den Dichter. Die volkstümliche Tradition erzählte gern Geschichten von Dantes Jähzorn oder seiner auffallend dunklen Hautfarbe; Chronisten erinnerten an seinen unerträglichen Hochmut; die humanistisch geprägten Bewunderer wiederum schätzten in ihm den Universalgelehrten sowie den Autor, der die großen antiken Traditionen wiederbeleben wollte.

Zuverlässige Zeugnisse aus der Zeit Dantes dagegen sind spärlich gesät. Wir besitzen nicht einmal ein Autograph. Leonardo Bruni muss Anfang des 15. Jahrhunderts noch einen Brief aus Dantes Feder in Händen gehalten haben; jedenfalls sagt er ihm

Domenico di Michelino: Dante zeigt die drei Reiche seiner *Komödie*. Fresko (1465) im Florentiner Dom.

eine gotische Kanzleischrift (*cancelleresca*) nach. Die historischen Dokumente zur Familie Alighieri insgesamt, vorwiegend juristische Standardverträge über Streitfälle, Mitgift und Geschäftsabwicklungen, die im 19. Jahrhundert aus Archiven zum *Codice diplomatico dantesco* zusammengetragen wurden, wirken spröde, nichtssagend.

Es ist daher nur zu verständlich, wenn die Dante-Biographen vom 18. Jahrhundert an vieles von ihren humanistischen und novellistischen Vorgängern übernahmen und ansonsten sich an Dantes Aussagen hielten. Denn eine in der Tat hervorstechende Eigenheit von Dantes Werk besteht in seinem Drang, das eigene Schreiben zu kommentieren und mit autobiographischen Hinweisen zu durchsetzen. Sein erstes Buch etwa, die *Vita Nova*, bettet die verstreute frühe Lyrik in die eigene Liebesgeschichte ein und sucht sie daraus zu erklären. Bis heute richten sich Biographen an diesen zahlreichen autobiographischen, übrigens auch selbstkritischen Einlassungen des Dichters aus, selbst wenn diese sich manchmal widersprechen oder mit historischen Geschehnissen nicht immer in Einklang zu bringen sind. Dann gilt: im Zweifel für den Dichter.

Daraus ergibt sich in etwa folgende Vita: Mit neun Jahren begegnet Dante erstmals der Frau seines Lebens: Beatrice, die seit Boccaccio mit der Tochter des reichen Kaufmanns Folco Portinari, genannt Bici, identifiziert wird. Über ihren Anblick und Gruß wird Dante zum Liebhaber und Lyriker. Seinem unerhörten dichterischen Talent verdankt er die rasche Aufnahme in die Elite der Florentiner Dichter, denen er später das Label *Dolce Stil Novo* verleihen wird. Der hochangesehene, auch philosophisch versierte Lyriker Guido Cavalcanti, dem Dante sein erstes Rätsel-Sonett mit der Bitte um Antwort gesendet hat, wird zu seinem «ersten Freund». Auf den frühen Tod der Beatrice 1290 folgen Jahre des intensiven Studiums, besonders der Philosophie, und die Fertigstellung der *Vita Nova*.

Über die Jahre zwischen 1295 und 1302 gehen die Biographen meist hinweg. Sie erwähnen Dantes Eintritt in die Politik, mit dem alles Unglück seines Lebens, wie er gerne zitiert wird, seinen Anfang nahm. Seine philosophischen Interessen zusammen mit den moralischen Canzonen brachten ihn in den Ruf eines Weisen. In kürzester Zeit gelangte er daraufhin in die höchsten politischen Ämter der Stadt, bis er 1300 turnusgemäß dem Priorat zwei Monate lang vorstand. Aufgrund seines rhetorischen Talents wurde er auf wichtige diplomatische Missionen gesandt, etwa zu Papst Bonifaz VIII. nach Rom. Deshalb hielt er sich glücklicherweise nicht in Florenz auf, als im November 1301 die Partei der Neri (Schwarzen) die Stadt im Handstreich nahm und die bis dahin dominierenden Bianchi (Weißen) stürzte. In Abwesenheit wurde Dante daraufhin zusammen mit anderen Parteigängern der Bianchi von seinen politischen Gegnern zu einer hohen Geldstrafe und im März 1302 zum Tode verurteilt. Zeit seines Lebens war er vogelfrei.

Mit besonderer Akribie widmen sich die Biographen den schweren Jahren des Exils, wenngleich gerade hier historische Zeugnisse fehlen. Umso ergebener halten sie sich an das, was

Dante sagt. Mutig habe er sich von der Partei der Bianchi gelöst, kurz bevor sie im Juli 1304 vernichtend in Lastra westlich von Florenz geschlagen wurde. Fortan sei er auf sich allein gestellt gewesen und habe sich über die für die italienischen Stadtkommunen so aufreibenden bürgerkriegsähnlichen Kämpfe erhoben. Kopfzerbrechen bereitete allerdings die Wende vom papsttreuen Guelfentum, das sich in Florenz nach 1270 endgültig durchgesetzt hatte, zum kaisertreuen Ghibellinismus, was innerhalb des lange für starr gehaltenen Antagonismus der beiden Lager schwer begreiflich war. Auf jeden Fall schien es undenkbar, dass das lateinische Traktat *Monarchia*, in dem Dante den Kaiser als Universalmonarchen bestimmt, der von Gott direkt und folglich nicht vom Papst eingesetzt ist, um für Frieden zu sorgen, einem parteipolitischen Engagement oder Kalkül entsprungen sein könnte. Dante stand über den Parteien.

Aus den wenigen Andeutungen in der *Komödie* wurden die Widrigkeiten des Exils, Dantes Abhängigkeit von großzügigen Herrschern, seine Armut und Einsamkeit, vor allem aber der nicht zu brechende Stolz des *exul immeritus* beschworen. Seinen Werken entnahm man einen Aufenthalt in der Universitätsstadt Bologna, eine Stippvisite an der Artistenfakultät in Paris, die Boccaccio ausmalte, sowie die Zuflucht, die Dante bei den Scaligern in Verona, bei den Malaspina in der Lunigiana und zuletzt bei Guido da Polenta in Ravenna fand. Aus seinen präzisen Beschreibungen italienischer Landschaften und Gebräuche, einmal sogar aus der Nennung einer Straße in Paris, schloss man, dass er alle diese Orte mit eigenen Augen gesehen haben müsse, und tüftelte entsprechend seine Wege im Exil aus. Im Übrigen gingen die Jahre bis zu seinem Tod 1321 in der verzehrenden Arbeit an seinem Meisterwerk, der *Göttlichen Komödie*, dem Ziel und Angelpunkt all seines Strebens auf. Darin hob er die jung verstorbene schöne Beatrice – wörtlich: die Beseligende – aus dem Profanen ins Sakrale, setzte seiner den gesamten Kosmos erschließenden Liebe ein alle Zeiten überdauerndes Denkmal und zog mit den großen dichterischen Autoritäten der Antike gleich.

2. Dante Alighieri – historische Rekonstruktionen

Lange Jahre neigten sogar Historiker dazu, vom Zeitalter Dantes zu sprechen. Aufgrund der Kargheit historischer Quellen aus dem 13. Jahrhundert bediente man sich seines Werkes, um sich ein Bild von den Menschen und Verhältnissen zu machen. Von den Figuren in der *Komödie* aus durchstöberte man Archive, schwelgte in Personengeschichte. Dantes Sicht auf die Florentiner Politik und die Ursachen der blutigen Unruhen galt als sakrosankt. Inzwischen haben sich die historischen Forschungen von dem imposanten Bild, das Dante von seiner Epoche zeichnet, nicht abgewandt, aber etwas abgelöst. Neuerdings wendet man umgekehrt Einsichten, die aus Dokumenten der politischen Geschichte zum Ringen um die politischen Institutionen, zur Heiratspolitik oder auch zur Schulausbildung und Weiterbildung in Florenz gewonnen wurden, auf Dante an und relativiert dadurch manche seiner Selbstdarstellungen.

Eheschließung. Boccaccio ist der Erste, der Dantes Heirat mit der jüngeren Gemma Donati erwähnt. Von zwei der Kinder des Dichters wusste man schon immer, denn Jacopo und Pietro kommentierten seine *Komödie*. Von Dantes jüngster Tochter Antonia ist bei Boccaccio zu lesen, dass sie unter dem Namen Beatrice den Schleier genommen habe. Auf die Mutter Gemma verschwendete man kaum Gedanken. Aus kulturhistorischer Sicht erweist sich Dantes Ehevertrag, in dem die Übergabe der Mitgift von 200 sogenannten kleinen Fiorini bezeugt wird, als rätselhaft. Ehen wurden zwar frühzeitig ausgehandelt, die Übergabe der Mitgift war jedoch erst unmittelbar vor dem zivilen Akt der Trauung fällig, der vom Vollzug der Ehe unabhängig ist. An dem Tag, auf den der Vertrag datiert ist, war Dante indes erst zwölf Jahre alt und damit selbst nach kanonischem Recht nicht in heiratsfähigem Alter. Wollte die Familie Alighieri dem früh verwaisten Jungen auf diese Weise einen Platz in der Gesellschaft verschaffen? Oder war ihnen selbst daran gelegen, sich mit dem mächtigen, alteingesessenen Florentiner Geschlecht der Donati zu verbinden? Gemma gehörte allerdings einem ökonomisch offenbar weniger gut gestellten Zweig der Familie an. Die Ehe sollte Dante später zwar nicht in die Arme der Donati und damit der Neri treiben. Aus dem Exil könnte er aber durchaus über seine Frau, die zunächst mit den Kindern in Florenz geblieben sein muss, bei den neuen Machthabern vorgefühlt und Möglichkeiten seiner Rückkehr ausgelotet haben.

Politische Laufbahn und Verbannung. Ob Dante tatsächlich am liebsten Bürgermeister von Florenz geworden wäre, bleibt dahingestellt. Gewöhnlich führt man seine politische Karriere auf philosophische Lektüren, auf ein nach dem Tod Beatrices aufgekommenes Verantwortungsgefühl für das Wohl der Stadt zurück. Daraus ergab sich von allein, dass Dante nur das unschuldige Opfer von Privatinteressen und Parteirivalitäten in der Florentiner Kommune sein konnte. Wenn man die politischen Verhältnisse im Florenz des 13. Jahrhunderts hinzuzieht, wie sie sich heute darstellen, fragt man sich allerdings, ob Dante nicht einfach nur Pech gehabt hat, weil er sich der zuletzt unterlegenen Partei angeschlossen und sie zu spät verlassen hatte.

Im Vergleich zu anderen verlief seine politische Laufbahn bemerkenswert glatt. Er stammte aus einer Familie, die politisch eher in der zweiten Reihe agierte. Es mag sein, dass ihn seine philosophischen Studien in den Ruf eines Weisen brachten und er 1294 nach dem Tod des Meisters der politischen Rhetorik in Florenz, Brunetto Latini, damit liebäugelte, dessen Platz einzunehmen und sich gleichsam zum moralischen Erzieher der Stadt aufzuschwingen. Seltsam ist indes, warum seine philosophische Expertise ausgerechnet zu einem kniffligen technischen Problem, zum Wahlverfahren bei den Prioren, erbeten wurde.

Politisch aktiv wurde Dante 1295, als die *Ordinamenti di Giustizia* wieder aufgeweicht wurden. Seit Januar 1293 waren dadurch die wegen ihres präpotenten, gewalttätigen Auftretens verhassten Adligen und Magnaten von allen politischen Ämtern ausgeschlossen worden. Die Reform dieser Reform sah nun vor, dass der, der ein politisches Amt ausüben wollte, Mitglied einer Zunft sein musste. Dante, der Sohn eines Geldwechslers, trat daraufhin in die Zunft der Ärzte, Apotheker und Gewürzhändler ein: die *Arte dei medici e degli speziali*. Erst saß er im allgemeinen Rat der Kommune. Im Oktober wurde er von seinem Stadtteil, dem Sestiere Por San Piero, für sechs Monate in den engen Kreis kooptiert, der den *Capitano del Popolo* flankierte. Entgegen der Vorschrift einer halbjährigen Pause wurde er gleich anschließend in den Rat der Hundert gewählt. Dessen Mitglieder mussten einen gewissen Wohlstand nachweisen, den die Familie Alighieri indes nach Lage der Quellen nicht besaß. Es deutet somit einiges darauf hin, dass Dantes politische Karriere gefördert wurde, wahrscheinlich von der reichen Familie Cerchi, die erst im 13. Jahrhundert vom Land in die Stadt gezogen war. Kaum zu glauben, dass Dante womöglich ein redegewandter Intellektueller im Dienste der späteren Anführer der Bianchi gewesen sein könnte. Überliefert ist, dass er sich, als sich der Zwist zwischen den Neri und den Bianchi blutig zuspitzte, im Namen des inneren Friedens für die Verbannung sämtlicher Streithähne einsetzte. Unter diesen fand sich auch Guido Cavalcanti, der an den Folgen des Exils in der Maremma sterben sollte.

Mit der Möglichkeit eines Umsturzes sowie mit seiner Verbannung muss Dante gerechnet haben. Im Laufe des 13. Jahrhunderts waren in Florenz immer wieder Bürger exiliert worden, entweder die papsttreuen Guelfen, darunter Brunetto Latini, oder die Ghibellinen, etwa das mächtige Geschlecht der Uberti. Warum hätte es bei den Neri und Bianchi anders sein sollen? Bis 1300 war es indes üblich – ausgenommen die großen Anführer der Ghibellinen –, nach einer gewissen Zeit wieder zurückzukehren. Die sogenannten *fuorusciti* nahmen ihre Verbannung meist fatalistisch als Konsequenz aus der militärischen Niederlage hin. Ende der 1290er Jahre änderte sich zwar nichts an dem Mittel, seine politischen Gegner zu verbannen, aber einiges an dem juristischen Verfahren. Und damit hat Dante wohl so nicht gerechnet.

Als man ihn aus Florenz verbannte, wurde die Verurteilung nämlich nicht mehr von Sondertribunalen verhängt, deren Entscheidungen eindeutig politisch motiviert waren und entsprechend leicht wieder aufgehoben werden konnten, sondern von den gewöhnlichen städtischen Gerichten, die sich mit Vertragsbrüchen oder Verbrechen befassten. Die Anklage gegen die politischen Gegner lautete meist auf *baratteria* – ein in der Toskana gebräuchlicher, ziemlich dehnbarer Begriff, der den Missbrauch politischer Ämter, Bestechlichkeit und den Verstoß gegen das Gemeinwohl umfasste. Da der Prozess an ganz normalen Gerichten abgehalten wurde, konnten die Urteile nicht mehr per Dekret aufgehoben werden. Überdies gerieten politisch Verfolgte in eine schwer zu ertragende Nähe zu gemeinen Verbrechern. Dante fühlte sich denn auch in seiner moralischen Integrität zutiefst getroffen. Aufschlussreich für diese verworrene Situation ist, dass Kaiser Heinrich VII., als er auf seinem Zug durch Italien 1311 die heillos verfeindeten italienischen Gemeinwesen versöhnen wollte, seine Amnestie nicht mehr auf die politisch Verfolgten begrenzen konnte und auch Kriminelle freilassen musste.

Dante und seine Leidensgenossen reagierten 1302 auf das Exil zunächst nicht anders als ihre vielen, zum Teil illustren Vorgänger. Sie suchten ihr Glück in politischen Allianzen und militärischen Gegenattacken. Nachträglich stellte es sich bei den Bianchi als kapitaler Fehler heraus, dass sie sich nicht nur mit Guelfen, sondern auch mit deren Erzfeind, den schon länger verbannten Ghibellinen zusammentaten. Damit gaben sie den Neri in Florenz Gründe an die Hand, sie als Landesverräter zu brandmarken und über einen Teil von ihnen, darunter Dante, das Todesurteil zu verhängen. Nach dem Misserfolg der militärischen Unternehmungen und seiner Ablösung von den Bianchi bemühte sich Dante mehrfach darum, auf privaten Kanälen eine nicht allzu demütigende Rückkehr für sich auszuhandeln. Dafür spricht unter anderem ein heute verlorener Brief aus dem Jahr 1306, in dem er sich an seine Landsleute wendet und seine besten Absichten beteuert: *Popole mee, quid feci tibi?* (*Meine Landsleute, was tat ich Euch?*). 1311 ergriff er die Chance, mit Hilfe des Kaisers Heinrich VII., der zur Krönung nach Rom zog, glanzvoll in seiner Heimatstadt wieder eingesetzt zu werden. Es traf ihn schwer, dass dessen Italienzug 1313 kläglich scheiterte und er selbst aufgrund seines Engagements für ihn von einer Amnestie in Florenz (*riformaggione*) ausgenommen wurde.

Schule und Studium. Unter dem Eindruck des Geniekults hat man sich lange kaum Gedanken darüber gemacht, welche Schule Dante besuchte, wo er seine ebenso weitgespannten wie detaillierten Kenntnisse der Theologie und Philosophie hernahm und wie er zu den damals kostbaren Abschriften oder Codices gelangte. Aus dem im frühen Exil entstandenen *Convivio* wusste man, dass er die *scuola dei religiosi* und die *disputazioni de li filosofanti* gehört hatte. Daraus folgerte man, dass er in Florenz sakrale und säkulare Wissenschaften studiert haben musste. Da es dort aber nur die Domschulen der beiden Bettelorden gab, schloss man auf einen Aufenthalt an der Universität Bologna, der jedoch nicht belegt werden kann. Ansonsten stritt man darüber, welcher philosophischen Richtung Dante zuzuordnen ist, was er sich im Original und was über Kompilationen aneignete und in welchem Maße sein Denken und Schreiben als epigonal oder eigenständig einzustufen ist.

Aus dem *Convivio* geht zudem hervor, dass sich Dante 1290 mit der Lektüre philosophischer Texte schwertat, weil sie auf Latein verfasst waren. Nach heutiger Quellenlage hat es den Anschein, als habe Dante nur eine Grundschule besucht, auf der Kindern Lesen und Schreiben beigebracht wurde, und nicht die sich daran anschließende Grammatik- oder Lateinschule. Dennoch muss er wie alle anderen Kinder von der Grundschule her rudimentäre Lateinkenntnisse besessen haben, da sie sich das Alphabet anhand lateinischer Satzbeispiele einpaukten. Diese wurden erst dem Psalter der Vulgata-Bibel, vom Ende des 13. Jahrhunderts an mehr und mehr lateinischen Gebetstexten entnommen. An ihnen prägten sich die Kinder die Form der Buchstaben und deren Klang ein. Abgesehen vom Ansehen, in dem das Lateinische als grammatisch festgelegte Sprache stand, war die Vulgärsprache, was Orthographie und die regional stark abweichende Aussprache betrifft, noch zu schwankend, als dass sie für den Elementarunterricht hätte dienen können. Dante scheint zunächst nur über diese biblisch-liturgischen Lateinkenntnisse verfügt zu haben, die er in der *Vita Nova* raffiniert einsetzte.

Für die ersten 25 Jahre seines Lebens reichte ihm das aus. Er konzentrierte sich auf die eigene Muttersprache, das *volgare*, auf das Provenzalische der Troubadoure und das Altfranzösische, deren sich damals noch viele Italiener in Lyrik und Prosa bedienten. Außerdem konnte er von der rapide anschwellenden Zahl der *volgarizzamenti* profitieren, also Übertragungen aus dem Lateinischen oder Altfranzösischen in die Volkssprache, nach denen besonders in der Toskana eine große Nachfrage bestand. Brunetto Latini etwa hatte die Florentiner auf diese Weise mit der Rhetorik Ciceros vertraut gemacht. Dante selbst wird eine fragmentarisch überlieferte Übertragung des *Roman de la Rose* zugeschrieben: *Il Fiore*.

Kaum wandte sich Dante aber Anfang der 1290er Jahre philosophischen und theologischen Studien zu, war er mit seinem Latein zunächst am Ende. Viele philosophische, genauer aristotelische Überlegungen, zudem scholastische Verfahren und Begriffe kannte er zwar aus den volkssprachlichen Gedichten der frühen sizilianischen Schule um den staufischen Kaiser Friedrich II. Manches wird ihm auch aus den Unterhaltungen mit Guido Cavalcanti bekannt gewesen sein, dessen Gedichte von den Anschauungen des radikalen Aristotelismus durchdrungen sind und so schon von zeitgenössischen Gelehrten ausgelegt wurden. Allein er kam nicht darum herum, sich Latein beizubringen. Und dabei werden ihm die sich in Florenz verbreitenden neuen Unterrichtsmethoden zugutegekommen sein.

Im Gegensatz zu konservativer gebliebenen Städten in der Toskana gab es in Florenz im 13. Jahrhundert vergleichsweise wenige Grammatikschulen. Die in Handel, Textilverarbeitung und Versicherungs- oder Geldgeschäften reich gewordene Stadt zog es vor, ihre Kinder nach der Grundschule – die Alphabetisierungsrate der Stadt war im 13. und 14. Jahrhundert sehr hoch, auch unter Frauen; sie lag zwischen 67 und 82 Prozent – auf Abakus-Schulen zu schicken. Das Lateinische blieb zwar nötig, da es die internationale Sprache der Verträge und Vereinbarungen war; aber eben nicht in all seinen Finessen. Um den Spracherwerb zu beschleunigen, ersetzte man im 13. Jahrhundert die schwierigen römischen Klassiker durch Boethius' *Consolatio, Trost der Philosophie*. Darüber hinaus ging man dazu über, die lateinische Grammatik in der Vulgärsprache zu erklären und zweisprachige Vokabellisten zu erstellen. Es ist durchaus möglich, dass sich Dante mit der in Florenz als Lesebuch sehr beliebten frühmittelalterlichen Lateinlehre, der *Ianua*, behalf. Übrigens dürfte ihn darin der Beispielsatz zur Einführung in die Wortarten besonders berührt haben: «Poeta que pars est?» (Dichter, was ist das für eine Wortart?) Die Anzahl der Abschriften dieses Lehrbuchs, die auf uns gekommen sind, ist so hoch, dass vermutlich ein Großteil der Schüler in Florenz ein eigenes Schulbuch (eine *summa*) besessen haben muss.

Darüber hinaus fragt man sich inzwischen, wie Dante an all die Bücher gelangen, wie er Zutritt zu den wenigen Bibliotheken erhalten konnte. Die Domschulen in Florenz öffneten Laien gewöhnlich nicht ihre Bücherschätze. Für die 21 Jahre im Exil, in denen Dante viel herumzog, stellt sich die Sache noch rätselhafter dar. Ein Werk wie das *Convivio*, in dem Dante seine erstaunlich breiten, bis in den Wortlaut hinein nachzeichenbaren Lektüren der Schriften von Albertus Magnus, Thomas von Aquin und vieler anderer ausbreitet, ist schwer denkbar ohne eine gut bestückte Bibliothek. Dante selbst wird im Exil nur eine winzige Sammlung von Büchern mit sich geführt haben. Wer also erlaubte ihm und wo die generell kostbaren, weil handgeschriebenen Bücher zu konsultieren? Das Lektürepensum Dantes und die Präzision seiner Kenntnisse bleiben ein Rätsel.

Auch wenn Dante das nirgends sagt, könnte sein philosophisches Gastmahl *Il Convivio* Spiegel und Konsequenz seines weithin autodidaktischen Studiums gewesen sein. Er war der Erste, der Philosophie Laien zugänglich machen wollte, also denen, die man wegen der mangelnden Lateinkenntnisse damals *idiotae* nannte. Sein Gastmahl ist ein Plädoyer dafür, Aristoteles beim Wort zu nehmen; demnach liegt es in der Natur des Menschen, nach Erkenntnis zu streben. Was Dante dann vor einem vermutlich höfischen Publikum, darunter auch Frauen, an Philosophie und mittelalterlichem Wissen entfaltet, ist mehr als ein *volgarizzamento*, wie es damals üblich war, mehr als ein Reader's Digest. Vielmehr lädt Dante seine Hörer ein, sich Gedanken zu machen, zu staunen und zu fragen. Die Philosophiegeschichte stellt sich ihm als steter Prozess des Fragens und Antwortens dar. Dass Dante für seine Laienerziehung die eigenen moralischen Canzonen zum Ausgangspunkt wählt, hängt nicht nur mit der Eitelkeit des Dichters zusammen, sondern wohl auch mit einer Lerntechnik. Denn Gedichte sind leicht zu merken. Von ihren Worten und Satzteilen aus lassen sich die immensen Kenntnisse aufrollen. Das schon damals schwer überschaubare Feld des Wissens ließ sich von einem konkreten, im Falle Dantes sogar ganz persönlichen Erlebnis aus erkunden. Und darin liegt vermutlich ein Schlüssel, um sich Dantes außerordentliche Leistung verständlicher zu machen, sich allein Kenntnisse, Theorien sowie Denk- und Argumentationsweisen anzueignen.

3. Warum schreibt Dante die *Göttliche Komödie*?

Die *Komödie* ist ein Werk des Exils. Sie ist ein maßloser Akt der Kompensation, mit dem Dante auf die Schmach der Verurteilung und den Verlust der Heimatstadt und damit aller Koordinaten seines Lebens reagiert. Dieser unbändige Wunsch, seine Identität mit den Mitteln der Dichtung neu zu begründen, nimmt häufig – psychologisch verständlich – die Gestalt einer Abrechnung an. Giuseppe Antonio Borgese, der Ehemann von Thomas Manns Tochter Elisabeth, kritisierte 1937 die *Komödie* als das typische Werk eines ohnmächtigen, zum Handeln ungeeigneten Intellektuellen, der am Schreibtisch über seine Mitmenschen zu Gericht sitze und an ihnen sein Mütchen kühle. Aber das ist natürlich übertrieben. Am übelsten kommen bei Dante die eigenen Landsleute weg – wenngleich er seine Hauptfeinde, sogar Corso Donati, erstaunlich glimpflich davonkommen lässt. Sarkastisch rühmt er seine Heimatstadt dafür, dass ihr Name nicht nur auf Erden und Wassern, sondern auch in der Hölle überall erschalle (Inf. XXVI 1–3). Dort sind Florentiner tatsächlich überproportional vertreten, was freilich auch daher rühren könnte, dass der Dichter in den ersten 35 Jahren seines Lebens vornehmlich mit ihnen in Berührung kam. Erst im Exil lernt er, über den Tellerrand der Kommune auf ganz Italien und noch darüber hinaus zu schauen.

Der Akt der Kompensation bleibt in solchen kleinlichen Rachegelüsten allerdings nicht stecken. An die gut fünfzehnjährige Arbeit an der *Komödie* heften sich hohe Ansprüche und Ambitionen. Die Lyrik, mit der er sich schon einen Namen gemacht hatte, reichte ihm nicht mehr. Er wollte ein Meisterwerk schreiben, das ihn als Dichter, wie man heute sagt, auf Augenhöhe mit den römischen Klassikern Ovid und Vergil brachte und das ihm als Autor eine Autorität (*auctoritas*) verschaffte, wie sie bis dahin der Bibel und den verstorbenen Philosophen und Dichtern der Antike vorbehalten blieb. Der Dichter und Mensch Dante war megaloman.

Vergleichsweise spät keimte in ihm wohl die Hoffnung auf, seine *Komödie* könne allen politischen Widerstand gegen ihn aufheben. Im 25. Gesang des Paradieses, also kurz vor Vollendung des Werkes, wünscht er sich sehnlichst, sein heiliges Gedicht (*poema sacro*) werde die Grausamkeit der Florentiner besiegen und ihm den Weg zurück nach Florenz bahnen. Dort werde ihm dann in dem von ihm so geliebten Baptisterium die Ehre eines Hutes (*cappello*) zuteil (Par. XXV 1–9). Mit dieser Wunschphantasie einer Krönung am Ort seiner Taufe antwortet Dante vermutlich auf die frühhumanistische Wiederbelebung der römischen Dichterkrönung in Padua. 1315 war dort der Historiograph und Dichter Albertino Mussato zum ersten *poeta laureatus* gekürt worden. Ob sich Dante zurückgesetzt fühlte? Wahrscheinlich. 1321 ködert ihn sein Bewunderer, der Bologneser Rhetorik-Lehrer Giovanni del Virgilio, mit der Aussicht auf einen Lorbeerkranz – unter der Bedingung jedoch, er verfasse ein lateinisches Epos.

Dass sich Dante auf ein solches Mammut-Unterfangen einließ, wie es die *Komödie* ist, hat auch innerliterarische Gründe. Gelesen wird sie zunächst einmal als Erfüllung des Versprechens, das sich Dante am Ende der *Vita Nova* gab. Nach der Trauer um den Verlust Beatrices und der Niederschrift eines Sonetts, in dem sein Seufzer gen Himmel steigt und dort die Gebenedeite sieht, hatte sich dem jungen Dante eine wundersame

Vision (*maravigliosa visione*) eröffnet. Anfang der 1290er Jahre vermochte er sie jedoch nicht in die rechten, ihr angemessenen Worte zu gießen. Dazu musste er einen langen, beschwerlichen Weg des Studiums der Philosophie und Theologie, aber eben auch der antiken Klassiker, zurücklegen. Erst danach konnte er die bisher in Italien gepflegten lyrischen Formen des Sonetts oder der Canzone hinter sich lassen und sich an eine epische Großform wagen, mit der er seiner Beatrice ein ihr würdiges Denkmal setzte. Mit diesem Drang zu poetischen Großformen, zu denen man die im Mittelalter verbreiteten kleineren zusammenzufügen und dabei neu zu konzipieren trachtete, lag Dante durchaus im Trend der Zeit.

Ende des 13. Jahrhunderts herrschte in der scholastischen Theologie die Hochphase umfassender und systematisch geordneter Darstellungen, sogenannter *Summae*. Thomas von Aquin etwa legte erst eine *Summa contra gentiles* (1260) vor, eine Zusammenfassung aller Argumente, die Christen gegen die Heiden vorbringen konnten, dann eine *Summa theologica* (1265–73). Wilhelm von Ockham stellte später eine *Summa logicae* zusammen. Das Bedürfnis nach einer rational fassbaren Ordnung, in der alle Erscheinungen der erschaffenen Welt einen Platz fanden, erstreckte sich auch auf volkssprachliche Literaturen. Im 13. Jahrhundert entstand der allegorische Versroman *Le Roman de la Rose*, in den 1260er Jahren verfasste Brunetto Latini im französischen Exil den *Livre du Trésor*, dessen italienische Version, *Il Tesoretto*, Dante sicherlich kannte. Die Lesart der *Komödie* als *Summa* wurde 1951 von dem Kunsthistoriker Erwin Panofsky in *Gothic Architecture and Scholasticism* noch angefeuert, wonach sich das theologisch-philosophische Streben nach einer klar gegliederten und hierarchisierten Ordnung, in der die Teile harmonisch auf das Ganze abgestimmt sind, in den gotischen Kathedralen widerspiegelt. Gerne wird Dantes *Komödie* als dichterischer Bau und als ‹totaler› Weltentwurf daher mit einer gotischen Kathedrale verglichen, in der jedes Detail ‹sitzt›.

Schließlich erwächst die *Komödie* aus Fragen, die sich Dante aufdrängten, wenn sie ihn nicht sogar bedrängten. Da sind zuallererst Fragen, die jeden Menschen angehen, nämlich die nach dem Tod und dem, was danach kommt. Den Christen im Mittelalter gaben darüber Altes und Neues Testament nur wenig Auskunft. Gewiss, in der Offenbarung des Johannes wurde das Ende der Welt, die Apokalypse, in feurigen Farben und erschütternden Bildern ausgemalt. Aber was geschah mit der einzelnen Seele in der langen Zeit, die zwischen dem physischen Tod und dem Jüngsten Gericht lag? Darauf wollte Dante sich und vielen Lesern Antwort geben.

Zudem lebte er in einer Zeit voller sozialer, politischer und kultureller Unruhen, in der sich tiefgreifende Veränderungen vollzogen, die für Zeitgenossen nicht immer leicht zu begreifen waren. Politisch gesehen glich die Toskana einem riesigen Versuchslabor, in dem die Bürger der Städte mit Gesetzen immer wieder auf politische und soziale Schieflagen, etwa auf die Ballung von Macht und Reichtum in den Händen weniger, zu reagieren suchten und dabei meist von einem Extrem ins andere fielen. Die ungezügelte wirtschaftliche Expansion, die Tendenz zu Verstädterung und der Aufstieg junger Generationen aus den unteren Schichten, die es mit Hilfe eines Universitätsstudiums in Spitzenpositionen schafften, all das war unerhört neu und brachte Konflikte mit sich. Dante selbst war von vielen dieser Umwälzungen betroffen. Während er sie im Kulturellen sogar selbst anschob, stand er im Politisch-Ökonomischen eher auf der Seite der Verlierer. In und mit Hilfe der *Komödie* wollte er das, was ihn umgab und verstörte, verstehen und einordnen. Das ist eine wesentliche Triebfeder seines Schreibens.

Vor allem fragte er sich, wie und warum es überall – gerade auch im Herzen der Kirche – zu dem mit Händen zu greifenden Unrecht kam? Warum die guten alten Sitten so schmerzlich verkamen, die Bürger eines Gemeinwesens nicht mehr friedlich zusammenleben konnten? Wo die Gerechtigkeit geblieben war? Dantes Fragen und Diagnosen sind hellsichtig. Manche der Antworten, die er in der *Komödie* darauf gibt, waren hingegen schon zu seinen Lebzeiten überholt. Er forderte die Wiedereinsetzung eines Universalmonarchen, wie es die römischen Kaiser gewesen waren, der allein die Einhaltung der Gesetze garantieren konnte. Als Christ traf es ihn außerdem schwer, dass der gerechte Gott all das Unrecht auf Erden zuließ, dass er sich nicht an den rebellischen Menschen rächte. Von oberster Stelle verlangte es Dante nach einer Erklärung. Die Krisenzeit zusammen mit seinem schweren persönlichen Schicksal muss ihn die Kontingenz menschlichen Lebens besonders hart haben empfinden lassen. Nicht einmal in dem von Gott eingerichteten Jenseits wird er sich des Eindrucks von Willkür erwehren können.

Es ist schwer zu sagen, ob Dante tatsächlich glaubte, sich und seinen Lesern in der *Göttlichen Komödie* auf all die großen Fragen der Menschheit eine definitive, katholische (im ursprünglichen Sinn von allumfassend und im neueren von christlich-katholisch) Antwort geben zu können. In der Fiktion der Jenseitsreise hat er sich ohne Zweifel dazu Antworten von auserwählten, mit hoher Autorität versehenen Figuren geben lassen. Aber der brennende Drang, Fragen zu stellen und nach der erhaltenen Antwort, die gelegentlich eine Nicht-Antwort ist, weiter zu fragen und zu zweifeln, lässt darüber nicht nach und wird von seinen Führern eigens gelobt. Es bleibt uns Lesern überlassen, ob wir uns Dante als einen Menschen vorstellen, für den das Verhältnis von Vernunft und Glauben, von Zufall und göttlicher Vorsehung im Lot ist und das Jenseits die abschließende Antwort auf alle Fragen bereithält. Oder ob wir in Dante einen hochbegabten Menschen und Meister des Wortes sehen, der aufgrund seiner außergewöhnlichen Lebensumstände und seiner hohen Sensibilität wie Wahrnehmungsgabe die Veränderungen und Probleme seiner Zeit erfasste und dabei Fragen stellte, die über die erhaltenen, in unserer säkularen Welt zum Teil kaum noch verdaulichen Antworten in der *Commedia* weit hinausgehen.

4. Welche Form gab Dante seiner *Komödie*?

Wie viele Kunstwerke im Mittelalter beruht Dantes *Komödie* auf einer Reihe symbolischer Zahlenkombinationen. Am wichtigsten sind die Zahlen eins und drei. Die *Komödie* setzt sich aus insgesamt 100 Gesängen zusammen, die der Dichter in der

Nachfolge römischer Epiker *canti* nennt. Die Zehn gilt als vollkommene Zahl, deren Perfektion sich in der Multiplikation mit sich selbst nochmals steigert. Die 100 Gesänge gliedern sich in drei große Teile, in das *Inferno* (die Hölle), das *Purgatorio* (den Läuterungsberg) und das *Paradiso* (das Paradies). Dante bezeichnet die Teile am Ende des Purgatoriums einmal als Canzone (Purg. XXXI 134; XXXII 90) – ein Begriff, der in der volkssprachlichen Lyrik die anspruchsvollste Form eines Gedichts bezeichnet, in dem philosophische und ethische Fragen behandelt werden. Kurz darauf verwendet er den Ausdruck *cantica* (Purg. XXXIII 140), der sich durchsetzen wird, obwohl sich Dantes erste Kommentatoren schwer damit taten. Abgeleitet wird er von der alttestamentarischen *Cantica Canticorum*, so hieß das *Hohe Lied* in der im Italien des 13. Jahrhunderts einzig verbreiteten lateinischen Vulgata-Fassung der Bibel. Es setzt sich ebenfalls aus Gesängen, *canti*, zusammen.

Die drei *cantiche* bestehen aus jeweils 33 Gesängen. Nur das Inferno hat einen Gesang mehr, der als Einführung betrachtet und damit abgerückt ist. Hier haben wir es mit einer Vervielfältigung der Drei zu tun, der heiligen Zahl der christlichen Trinität, die mit sich selbst multipliziert neun ergibt. Das ist dieselbe Zahl, die Dantes Liebe zu Beatrice in der *Vita Nova* durchzieht. Zusammen mit dem Proömium erreichen die 99 Gesänge der Jenseitsreise die perfekte 100. Und das sind nur die auffälligsten unter den symbolischen Zahlen in der *Komödie*, deren Raffinement und Stringenz schon die Vermutung nahegelegt haben, Dante habe vor dem ersten Federstrich das ganze Werk durchgeplant.

Ein *canto* hat im Schnitt 140 Verse von jeweils elf Silben. Das ist das für die italienische Lyrik klassische Versmaß des *endecasillabo*. Die Verse schließen sich wiederum in Strophen von jeweils drei Zeilen zusammen, die Terzinen genannt werden, eine Form, die Dante in die italienische Dichtung eingeführt hat. Darin reimen sich jeweils der erste und dritte Vers, während der zweite in der Mitte ein neues Reimwort einführt, der die folgende Terzine umschließen wird. Den Terzinen ist dadurch ein Drive eigen, der den Leser immer weiterzieht. Ernst Robert Curtius sprach treffend von einer «metrische(n) Form, die das Prinzip unendlich weiterschreitender Verkettung mit dem unausweislicher Strenge verknüpft». Einzig am Anfang und Ende der Gesänge kommt es zu einem vorübergehenden Innehalten. Dort findet sich jeweils ein Doppelreim, aus dem die Bewegung entspringt und in den sie wieder zurückfließt. Alle drei *cantiche* schließen mit dem Reimwort *stelle* (*Sterne*), zu denen der Protagonist hochschaut. Der gewaltige, klangreiche Fluss der Terzinen kommt in ihnen zur Ruhe; zugleich ist darin das Werk auf den Himmel ausgerichtet. Es ist übrigens dieser über 14233 Verse durchgängig umarmende Reim, der es so schwierig, wenn nicht unmöglich macht, die ungeheure Formgewalt Dantes zu übersetzen.

Zum Titel. Seit dem 16. Jahrhundert hat es sich eingebürgert, von der *Divina Commedia* zu sprechen. Das Adjektiv prangt auf dem Frontispiz einer Ausgabe, die 1555 in Venedig von Ludovico Dolce gefertigt wurde. Es ist schwer zu sagen, ob das Göttliche aus Gründen der Werbung auf dem Deckblatt landete oder ob damit nur eine Wertschätzung sanktioniert wurde, die auf Giovanni Boccaccios Dante-Vita aus dem 14. Jahrhundert zurückgeht. In den ersten Abschriften der *Komödie* ebenso wie in einer lateinischen Epistel an Cangrande, die Dante zugeschrieben wird, findet sich jedenfalls allein der Ausdruck *Comedia*: «Incipit Comedia Dantis Alagherii, Florentini Natione Non Moribus» (Hier beginnt die Komödie Dante Alighieris, Florentiner von der Herkunft, nicht von den Sitten her). Die Betonung liegt auf dem vorletzten Vokal, dem «i». Das ergibt sich aus der Versmetrik bei der ersten Erwähnung des Titels im Inferno (Inf. XVI 128). Danach wird er sein Opus nicht mehr so nennen. Im Paradies spricht er auf einmal von seinem *poema sacro / al quale ha posto mano e cielo e terra* (Par. XXV 1–2), also von einem heiligen oder geheiligten Gedicht, an das Erde und Himmel Hand anlegten.

Was sich Dante unter dem Begriff ‹Komödie› vorstellte, weicht stark von unserem heutigen Verständnis ab. Wenngleich die *Poetik* des Aristoteles, in der die griechische Dramenpraxis analysiert und nach Tragödie, Komödie und Satyrspiel aufgeteilt wird, schon im 13. Jahrhundert in lateinischer Übersetzung vorlag, konnte man damals wenig damit anfangen. Aus den mittelalterlichen Etymologien und Enzyklopädien, aus denen auch Dante seine Kenntnisse bezog, lässt sich nur rekonstruieren, dass Komödie damals als Gegensatz zu Tragödie aufgefasst und beide nicht als genuin theatralische Genres verstanden wurden. Entsprechend der etymologischen Ableitung des Wortes Tragödie von «tragos», der (stinkende) Ziegenbock, bestimmt sie sich durch ihr böses Ende, während die Komödie, von «comos», das Dorf, hergeleitet, von einem üblen Anfang zum heiteren Abschluss führt. Und das ist natürlich der Fall in Dantes *Komödie*, die den Weg hinunter in die stinkende Hölle und hinauf ins frohlockende Paradies entfaltet.

Nach Maßstab der Rhetorik und ihrer Lehre von den drei Stilhöhen, die das Mittelalter von Cicero und Quintilian übernahm, wurde der Tragödie ein hoher, der Komödie hingegen ein niedriger Stil zugeschrieben. Dante setzt sich mit der Wahl des Titels also bescheiden von Vergils Epos *Aeneis* ab, das er als *alta tragedia,* als hohe Tragödie, rühmt. Darin wird die Flucht des Aeneas aus Troja, seine Irrfahrt bis zur Ankunft in Italien und der entscheidenden Schlacht erzählt, nach der die Gründung Roms möglich war. In Dantes *Komödie* geht es hingegen um keine heroisch-historische Handlung, sondern auf den ersten Blick sehr viel banaler um den Weg eines auf Abwege geratenen Christen zum Heil. Und doch ist der Titel *Comedìa* nur vordergründig bescheiden. Es handelt sich eher um eine Art Freibrief, den sich Dante für sein gewagtes dichterisches Experiment ausstellt. Denn das, was er schreiben will – ein Gedicht, das den ganzen Kosmos von der Hölle über die Erde bis zum Himmel umfasst –, das lässt sich nur vermitteln, wenn man die drei Stile mischt. Auf die christliche Welt des Mittelalters, in deren Mitte die Figur eines Gottessohnes steht, der in einem Stall zur Welt gekommen ist, lassen sich die drei Stilebenen, wie sie der klar hierarchisierten Welt der Antike entsprechen, nicht anwenden.

Zur Sprache. Schon die Wahl der Sprache ist gewagt. Eine so großangelegte Dichtung – was die Länge angeht, fiel die *Komö-*

die nur hinter Ovids *Metamorphosen* zurück –, noch dazu zu einem solchen Thema: den Letzten Dingen, schrie förmlich nach dem Lateinischen, der von antiken Dichtern erprobten Schriftsprache. Dante entschied sich indes für die Sprache, die er mit der Muttermilch aufgesogen hatte, das *volgare*, auch wenn es noch so wild in Dialekten wucherte und sich veränderte. Weit stärker und länger als in Frankreich stand in Italien die vulgärsprachliche Dichtung im Schatten des Lateinischen, das Dante als eine künstlich geschaffene, weil bis ins Detail reglementierte grammatische Sprache ansah, die Gelehrte zur internationalen Verständigung konstruiert hatten. Außerdem steckte die volkssprachliche Dichtung im Italien des 13. Jahrhunderts noch in den Kinderschuhen. In nicht einmal 100 Jahren vollzog sich dort, beschwingt durch einen fulminanten wirtschaftlichen Aufschwung, der in den Städten ein Verlangen nach Bildung und Verfeinerung freisetzte, etwas, das man mit vollem Recht als das italienische Wunder bezeichnen kann. Der italienischen Dichtung gelang es, den großen Abstand zur altfranzösischen und provenzalischen Literatur in Europa nicht nur aufzuholen, sondern sich an die Spitze der europäischen volkssprachlichen Literaturen zu setzen. In Dantes *Komödie* erreicht diese Entwicklung ihren erstaunlichen Höhepunkt.

Gewagt ist die *Komödie* auch, weil sich Dante sämtlicher sprachlicher Register bedient. Getreu der goldenen rhetorischen Regel, dass der Ausdruck dem Auszudrückenden angepasst sein muss, wird die ganze Bandbreite des vulgärsprachlichen Wortschatzes ausgeschöpft und gelegentlich ausgeweitet. In den Niederungen der Hölle schreckt der Dichter nicht vor dem Wort *merda* (*Scheiße*), nicht vor krassen Beschreibungen wie der von den heraushängenden Gedärmen zurück. In den aulischen Höhen des Paradieses sublimiert er das *volgare* mit raffinierten Latinismen. In den Gesprächen zwischen Wanderer und Jenseitsbewohnern wechseln sich Wendungen, wie man sie auf der Straße benutzt, mit technischen, philosophischen oder theologischen Fachausdrücken ab. Diese pralle Sprache, die nirgends bemüht oder an den Haaren herbeigezogen wirkt, war schon bald nach Dantes Tod all den Lesern ein Dorn im Auge, die wie

Petrarca einem humanistischen oder später einem klassizistischen Literaturideal, also einem Sprachpurismus anhingen. Erst nach 1800, zuerst in der deutschen Romantik, wusste man die sprachliche Heterogenität der *Commedia* als Beginn der modernen Dichtung zu schätzen.

Zudem ist es Dante angelegentlich, die Vielfalt der in Italien gesprochenen Sprachen einzufangen, die ihm erst im Exil bewusst geworden ist. Bei den Unterhaltungen der Jenseitsreisenden hören die Toten bei Dante den toskanischen, bei Vergil, der bei Mantua geboren wurde, den lombardischen Akzent heraus – nach damaliger Vorstellung sprachen schon die Römer nur in einer Vulgärsprache. In den Reden der Sünder wiederum klingen toskanische Dialekte durch. Dante lässt indes auch andere Sprachen zu Wort kommen. Das Griechische, das für ihn etwas Auratisches an sich hatte, nur indirekt; der Führer Vergil übernimmt es, die verdammte Seele des Odysseus zu befragen. Im Purgatorium findet sich eine längere Replik in der *langue d'oc*, die Dante dem provenzalischen Dichter Daniel Arnaut in den Mund legt. Da zu den Läuterungsübungen das gemeinsame andächtige Singen von Psalmen gehört, sind die Terzinen mit Zitaten aus der Vulgata-Bibel durchsetzt. In der *Komödie* vergegenwärtigt Dante also die Mehrsprachigkeit, wie sie einem Zeitgenossen des Mittelalters vertraut war. Sie zeugt sowohl von der Lust eines feinsinnigen und -hörigen Sprachbeobachters als auch von der beschämten Einsicht eines Christen, der hinter dieser Vielfalt eine Strafe Gottes erkennt. Der Sprachverwirrung, die nach dem Turmbau zu Babel über die Menschheit verhängt wurde, gedenkt Dante in der Figur des Nimrod, des babylonischen Auftraggebers. Aus dessen Mund dringen die bedrohlich klingenden ungestalteten Silben: *Raphel may amech zabi almi* (Inf. XXXI 67), die Vergil als reinen Nonsens abtut. Akribische Dante-Forscher filtern darin allerdings hebräische Worte heraus und damit Sinn hinein.

Mit wie viel Einfallsreichtum Dante der Vulgärsprache neue Töne entlockt, lässt sich an seinen wortklanglichen Experimenten ermessen. Besonders die Tiefen der Hölle bieten ein fruchtbares Terrain für derlei Versuche, mit denen er schon vorher in den *Rime petrose*, seinen Gedichten über eine versteinernde Liebeserfahrung, begonnen hatte. Die triefende Nässe, die klirrende Kälte, das Nagen der Zähne, all das wird mittels zum Teil neu gebildeter Verben und harter Konsonantenfolgen klanglich vermittelt. Dante, der sich in der *Komödie* für die Süße – die *dolcezza* – seiner Lyrik zu Recht feiern ließ, kann seiner Muttersprache, wenn es nottut, äußerst schrille, herbe – *acerbi* – Töne abgewinnen.

Es wäre falsch zu meinen, dass die drei Jenseitsreiche stilistisch und sprachlich jeweils einheitlich gestaltet wären. Die Bandbreite von Stilregistern, obschon in unterschiedlicher Gewichtung, findet sich in jeder *cantica*. Im Paradies brechen sich manchmal derbe Beschimpfungen der irdischen Welt Bahn. In der Hölle kommt es zu kurzen Augenblicken melodiöser Besinnung, wenn sich etwa eine Sünderin, Francesca da Rimini, im *Süßen Neuen Stil* die Anbahnung ihres Ehebruchs in Erinnerung ruft (Inf. V) oder Ugolino seinen unerträglichen Schmerz über den qualvollen Hungertod seiner Kinder in ebenso ergreifende wie wohlgesetzte Worte fasst (Inf. XXXIII).

Zu der sprachlichen Vielschichtigkeit der *Komödie* gehört schließlich, dass Dante eine Fülle von Erzählweisen nutzt. Immer wieder vergegenwärtigt er dramatisch die Erlebnisse, Gefühle und Gedanken des Wanderers. Vielfältig gestaltet er die Dialoge, die die Reise prägen: persönliche, mehr oder minder angespannte Gespräche, Monologe, in denen der Wanderer philosophisch oder theologisch aufgeklärt wird, oder Frage-Antwort-Rituale, die der scholastischen Lehrform der *quaestio* entlehnt sind, oder auch die für die vulgärsprachliche Lyrik so charakteristischen Streitgedichte, die *tenzoni*, in denen man sich gegenseitig in gröbster Weise zerfetzt und dabei auf die Reimworte und Formvorgaben des Gegners raffiniert repliziert. Dante mischt in die voltenreiche Handlung zudem eine Fülle von Beschreibungen hinein. In wenigen Worten gibt er unerhört exakt Charaktere, Landschaften oder auch, was besonders Leonardo da Vinci und Michelangelo fasziniert hat, handwerkliche und technische Neuerungen wieder, etwa die Pechtröge zum Kalfatern im Schiffsarsenal zu Venedig oder das Räderwerk von Uhren, die Ende des 13. Jahrhunderts an den Kirchtürmen in italienischen Städten angebracht wurden. Dante ist ein Virtuose, der wohl alles kunstvoll auszudrücken vermochte, ohne manieristisch zu werden.

II. Das Jenseits und seine Bewohner

1. Dantes Vorläufer und Quellen

Was die Gestaltung des Jenseits betrifft, ist Dante keineswegs originell. Er greift selbstverständlich auf das große, recht heterogene Reservoir an schrecklichen wie ergötzlichen Bildern aus der Welt nach dem Tod zurück, zu dem viele Kulturen vom alten Orient über die griechisch-römische Kultur bis hin zu jüdisch-christlichen und islamischen Glaubensvorstellungen ihr Scherflein beigetragen haben. Dennoch besteht ein deutlicher Unterschied zwischen seinem Jenseits und den vorherigen – ob nun gelehrt-theologischen oder eher folkloristischen. Und das hängt nicht nur mit Dantes herausragender sprachlicher wie poetischer Ausdruckskraft, sondern auch mit seinem Anspruch zusammen, die Vorläufer zu überbieten, indem er die schriftlich wie mündlich kursierenden Vorstellungen systematisiert und in einen in sich geschlossenen Kosmos bringt. Wie überzeugend ihm das gelungen ist, lässt sich an den Spuren ablesen, die seine Gestaltung des Jenseits in den bildenden Künsten, in der Volksfrömmigkeit, in gewisser Weise sogar in der katholischen Doktrin hinterließ.

Gleich im zweiten Gesang des Infernos, als der Wanderer *Dante* seinem Führer Vergil klarmacht, warum er sich lieber doch nicht auf die Reise durch das Totenreich begibt, fallen die Namen von zwei berühmten Jenseitsreisenden vor ihm:

> Io non Enea, io non Paulo sono
> Me degno a ciò né io né altri crede.

> Ich bin Aeneas nicht, nicht Paulus bin ich,
> Und niemand wird mich daher für würdig halten. (Inf. II 32–33)

Den Wanderer packt die Verzweiflung, da er nicht im entferntesten an den trojanischen Heros Aeneas und noch weniger an den in Damaskus auf wunderbare Weise vom Saulus zum Paulus bekehrten späteren Apostel heranzureichen meint. In den zwei Namen sind zugleich die wohl wichtigsten Traditionen aufgerufen, die bis 1300 die vielfältigen Darstellungen vom Leben nach dem Tod kennzeichneten, die antik-heidnische Unterwelt oder der Hades sowie die bildgewaltigen Jenseitsbeschreibungen der drei monotheistischen Religionen. In den ersten Jahrhunderten nach Christi Geburt nahmen Letztere die Form von Apokalypsen, also Offenbarungen vom Jüngsten Gericht an. Vom fünften Jahrhundert an wurden diese verdrängt von Erlebnisberichten, Visionen von der Welt, in der sich die Toten bis zum Jüngsten Gericht aufhalten.

Aeneas' Abstieg in die heidnische Unterwelt

Bei der Darstellung des Jenseits hat sich Dante stark vom sechsten Buch in Vergils *Aeneis* anregen lassen. Nach einer längeren Irrfahrt geht Aeneas mit den Gefährten nördlich von Neapel an Land. Sogleich sucht er den Tempel des Phöbus auf, um von dessen Priesterin, der Sibylle von Cumae, den Weg zu seinem verstorbenen Vater Anchises zu erfahren. Zudem will er sein Versprechen einlösen und Aufschluss über die eigene Mission erhalten. Nachdem er einige Auflagen, etwa einen Goldenen Zweig im Wald abzubrechen, erfüllt hat, erklärt sich die Sibylle bereit, ihn in die Unterwelt mitzunehmen, aus der gewöhnlich kein Lebender zurückkehrt.

In diesem Abstieg in den Hades (*Katabase*) machte sich Vergil verschiedene antike Jenseitsvorstellungen zunutze. Abgesehen von der orphischen Überlieferung orientierte er sich insbesondere an der homerischen Nekya – jener Episode, in der Odysseus über den die Erde umgrenzenden Fluss Okeanos hinübersetzt, den Eingang der Unterwelt erreicht und mit frischem Blut die Schatten zu sich herauslockt, um von dem Wahrsager Tiresias Näheres über die eigene Heimfahrt nach Ithaka zu erfahren. Homer umrahmt diesen für die Handlung so wichtigen Dialog mit einer Reihe berührender Begegnungen, darunter die mit

Odysseus' inzwischen aus Gram verstorbener Mutter. Auf seinen Spuren wird Vergils Aeneas nicht nur auf den Vater Anchises, sondern auch auf befreundete Trojaner und die verlassene Geliebte Dido treffen. Außerdem schöpfte Vergil Anregungen aus der platonischen Totenwelt. Auch in der *Aeneis* sitzen die unbestechlichen Richter Minos und Rhadamanthys über die Toten zu Gericht, wenngleich Minos hier die Aufgabe zukommt, unschuldig Verurteilte zu rehabilitieren, während Rhadamanthys über die schlimmsten Verbrecher richtet.

Anders als seine griechischen Vorläufer hat sich Vergil bemüht, die längst topisch gewordenen Landschaften, Motive und Requisiten des heidnischen Jenseits in einem den Erfordernissen epischer Dichtung angemessenen, klar gegliederten Raum unterzubringen. Seinen Protagonisten lässt er erst einen Vorhof voller mythischer Unwesen, dann mehrere, erst fahl vom Mond beschienene, dann grausig-finstere und zuletzt helle Landschaften durcheilen. Mehrfach werden mehr oder minder scharf gezogene Abgrenzungen sichtbar: Flüsse wie der Acheron oder der Phlegeton, Seen wie der Kokytos, Palastmauern oder auch eingehegte Orte wie Haine und Täler, Figuren, die Übergänge bewachen, darunter der Fährmann Charon, der die bestatteten Toten ins Jenseits übersetzt, sowie der Hund Zerberus mit den drei Mäulern, der Unbefugten den Zutritt verwehrt. All diese Figuren und Orte wird Dante in sein christliches Jenseits einbauen.

Merklich steht Dante auch unter dem Eindruck der übersichtlichen räumlichen Ordnung, die Vergil der Unterwelt überstülpt. Aeneas gelangt zum Beispiel an einen Scheideweg. Links geht es zum großartigen Palast des Höllenherrschers *Dis* (lateinisch für Hades), unter dem sich – wie die Sibylle erklärt – ein Schlund, der Tartaros, auftut, in dem die schlimmsten Vergehen geahndet werden: der Verrat an Familie, Gastrecht, der Res publica oder den Göttern. Kein Reiner habe dort Zutritt. Aeneas steckt an dem gewaltigen Tor des Palasts rasch den Goldenen Zweig als Opfergabe an. Anschließend geleitet ihn die Sibylle zurück auf den rechten Weg, der sie zu grünen, von einer eigenen Sonne beschienenen Fluren führt – einem Ort für diejenigen, die sich ums Vaterland oder um jemanden verdient gemacht haben. Mit sportlichen Spielen, Tänzen, Musik- wie Gedichtrezitationen vertreiben sie sich die Zeit.

Um zu dem Ort zu gelangen, an dem Anchises weilt, muss die Sibylle einen anderen Führer, den hochgewachsenen Dichter Musaeus, ausfindig machen. Zu dritt eilen sie über eine Anhöhe in ein Tal voll schattiger Haine. Dreimal umarmt Aeneas dort vergeblich den Schattenleib des Vaters. Anchises führt ihn in die neuplatonische Lehre von der tausendjährigen Läuterung der Seelen ein, die anschließend, unmittelbar vor ihrer Rückkehr ins Leben – und danach lechzen die Toten in der heidnischen Antike –, in den Vergessen schenkenden Fluss Lethe getaucht werden. Vor den Augen des Aeneas entrollt sich am Ende einem Triumphzug gleich der unaufhaltsame Aufstieg der Römer bis zu Caesar und Kaiser Augustus, unter dessen Herrschaft Vergil dichtet.

Die Entrückung des Apostels Paulus

Wenn sich der Wanderer *Dante* auf Paulus beruft, ist zunächst der knappe, noch dazu in die dritte Person verpackte Hinweis auf die vorübergehende Entrückung eines Mannes in den ‹dritten Himmel› aus dem zweiten Korintherbrief gemeint. Möglicherweise bezieht sich Dante zusätzlich auf die *Visio Sancti Pauli,* die in Westeuropa stark verbreitet war. Das griechische Original war schon im oströmischen Reich entstanden; man unterscheidet eine erste Version – die Paulus-Apokalypse – vom Ende des 2. Jahrhunderts von einer zweiten, von Mönchen überarbeiteten aus dem 4. oder 5. Jahrhundert. Zwar wurden alle Versionen schon 494 den Apokryphen zugeschlagen, doch änderte das nichts an ihrer Beliebtheit.

Dante könnte durchaus irgendeine kurze oder lange Version jener *Visio Pauli* gekannt haben. Übrigens finden sich in der Langfassung etliche Motive aus der griechisch-heidnischen Kosmographie. Während der Körper des Apostels in einer Art Scheintotenstarre auf der Erde bleibt, löst sich seine Seele gewaltsam ab und durchläuft, von einem Engel begleitet, die Hölle. In manchen Fassungen schließt sich daran noch eine Schau des

Himmels an. Auch wenn bei den Abschriften der *Visio Pauli* das Jenseits mit neuen Elementen ausgestattet wird, darunter eine Feuerwand oder die aus dem Altpersischen stammende Brücke, von der die bösen Seelen abstürzen, bleibt die Darstellung ziemlich unbestimmt, wenn man einmal von der groben Unterteilung in Oben und Unten und dem Hinweis auf acht oder sieben Ebenen absieht. Es überwiegt das lustvolle Aufzählen von Marterarten. Weder ist eine hierarchische Anordnung je nach der Schwere der Sünde noch eine konsequente Entsprechung von Vergehen und Strafe erkennbar.

Die mittelalterlichen Visionen

Als im frühen 19. Jahrhundert immer mehr mittelalterliche Handschriften mit Erlebnisberichten über Jenseitsvisionen aus dem 11. und 12. Jahrhundert zutage gefördert wurden, drängte sich besonders französischen Gelehrten der Schluss auf, Dantes *Komödie* baue auf dieser umfangreichen Visionsliteratur auf. Die Dante-Forschung reagiert auf die in der Tat augenfälligen Parallelen mit Skepsis. Wie hätte sich ein so anspruchsvoller Dichter wie Dante an den recht schmucklosen, sprachlich ungelenken und allzu folkloristischen Berichten ein Beispiel nehmen können? Dante verschwendet nirgends in der *Komödie* ein Wort über diese Visionen vom Jenseits, deren letzte 100 Jahre vorher, 1206, entstand. Sein Schweigen könnte freilich auch andere Gründe gehabt haben. Wollte er sie bewusst verschweigen?

Es ist sehr wahrscheinlich, dass er die 1149 von einem irischen Mönch in einem Regensburger Frauenkloster aufgezeichnete *Visio Tundali* kannte. Sie kursierte in mehreren Vulgärsprachen. Aufgeschrieben ist darin das denkwürdige Erlebnis eines dem Laster hoffnungslos verfallenen Ritters, der auf einmal in eine Leichenstarre fällt, aus der er erst nach drei Tagen erwacht. Ein Engel leitet derweil seine Seele zu verschiedenen Straforten, wo sie die Qualen nicht nur anschaut, sondern sie selbst zu ihrer eigenen Reinigung erleidet – ähnlich wie der Protagonist der *Komödie*. Fast widerwillig kehrt Tungdal, nachdem er die Wonnen des Paradieses betrachten konnte, ins Leben zurück. Dort macht er rasch seine Missetaten wieder gut und legt dem Auftrag des Engels gemäß über das Geschaute Zeugnis ab.

Anregend für Dante könnte wohl auch die *Visio Karoli Grossi* aus dem 9. Jahrhundert gewesen sein. Darin wird die Seele Kaiser Karls III., genannt der Fette, des üblen Endes seiner Vorfahren im Jenseits ansichtig und auf diese Weise vor dem drohenden Untergang der Karolinger gewarnt. Dante müssten die klaren politischen Absichten dieser Vision fasziniert haben. Von ihr aus führt jedenfalls ein gerader Weg sowohl zu Dantes Höllenkreis der Tyrannen als auch zu seinen säumigen, auf Einlass ins Purgatorium wartenden Herrschern.

Die Miradsch (Mohammeds Himmelfahrt)

Großen Wirbel löste in der ersten Hälfte des 20. Jahrhunderts die These des spanischen Jesuiten Miguel Asín Palacio aus, die Idee zur *Komödie* sei Dante bei der Lektüre von *Mohammeds Himmelfahrt* gekommen. Ähnlich wie bei der *Visio Pauli* basiert die Erzählung von der nächtlichen Reise des Propheten Mohammed an der Seite des Erzengels Gabriel bis hin zu Allah auf ganz wenigen Suren des Korans. Im Gegensatz zur paulinischen Vision zählt die Mohammeds zum festen Bestandteil des Islams. Im Vordergrund stehen die unermesslichen Freuden des Paradieses, die Allah überdies – in einem Buch zusammengefasst – Mohammed überreicht. Danach lässt ihn der Erzengel noch einen langen Blick in den tiefen Schlund der Hölle werfen. Anders als bei den in Zeiten der Verfolgung aufgeschriebenen jüdisch-christlichen Apokalypsen ist Mohammeds Himmelsschau der Triumph des Islams deutlich anzumerken.

Lange Zeit war diese These leicht beiseite zu schieben. Es ließ sich nicht nachweisen, wie eine Version der *Miradsch* in die Toskana zu Dante gelangt sein könnte. Nach dem zweiten Weltkrieg fand sich das fehlende Glied in der Übermittlungskette, eine lateinische und französische Übersetzung, die Mitte der 1260er Jahre vom Notar Bonaventura da Siena am Hof des kastilischen Königs Alfons des Weisen angefertigt wurde und von der Dantes Lehrer Brunetto Latini gehört haben könnte.

Während die Bedeutung der arabisch-islamischen Kultur –

insbesondere ihrer Übersetzungen und Kommentare der griechischen Philosophen – für die Renaissance der Wissenschaften im 12. Jahrhundert heute außer Frage steht, ist der Widerstand nach wie vor groß, in *Mohammeds Himmelfahrt* ein, wenn nicht das Modell für Dantes *Komödie* zu sehen. Das hat mehrere Gründe. Wie hätte sich ein so feinsinniger Dichter wie Dante für die auch im islamischen Vergleich höchst grobe und in der Übersetzung noch grobschlächtigere Fassung des *Liber scalae Machometi* erwärmen können? Die raffinierten, allegorisch-fiktionalen arabischen Weiterentwicklungen des Stoffes bekam er nicht zu Gesicht. Wie ließ sich ferner beweisen, dass sich Dante bei einzelnen Szenen und bei der architektonischen Anlage der Jenseitsreiche wirklich an dem islamischen Beispiel orientierte? Gewiss, es gibt Ähnlichkeiten, etwa den Aufstieg über die acht Himmel bis zu Gott oder die sieben Zonen des Infernos. Ihm könnte auch gefallen haben, dass im islamischen Jenseits all die ausgelöscht werden, die sich im Leben aus allem heraushielten – bei Dante wollen weder Gott noch der Teufel mit solchen Lauen (*ignavi*) etwas zu tun haben. Geschaudert haben wird es ihn dagegen bei den sinnenfrohen Genüssen in Allahs Paradies und vielleicht noch mehr bei Mohammeds dreimaligem Schachern mit Gott, bis die jährlichen Fastentage auf dreißig heruntergehandelt waren. Aber viele dieser Parallelen lassen sich ebenso gut aus den frühen jüdisch-christlichen Apokalypsen oder ihren mittelalterlichen Nachfolgern ableiten. Das islamische Buch von der Himmelsleiter ist diesen frühen Offenbarungen selbst stark verpflichtet. Da die Jenseitsvorstellungen aller monotheistischen Religionen aus demselben umfangreichen und heterogenen Bildreservoir schöpfen, ist es schwer, einen abschließenden Beweis über Einflüsse zu führen.

2. Dantes Jenseits als Synthese aus Antikem und Christlichem

Das Neue an der Jenseitsgestaltung in der *Komödie* besteht darin, dass sie in aller Offenheit Landschaften, Figuren und Motive aus dem heidnischen Hades nimmt und ins christliche Jenseits einsetzt. Auf diese Weise gewinnen die sich in den mittelalterlichen Visionen oft wirr überschlagenden Eindrücke an Kontur und Präzision. In der Nachfolge der Kirchenväter, die das geliebte römische Bildungsgut ins Christentum hinüberzuretten strebten, indem sie es umdeuteten, schmilzt Dante um 1300 die antiken Vorstellungen in das christliche Weltbild ein. Und dabei kommt es gelegentlich zu Reibungen.

Geographie

In heidnischen und christlichen Überlieferungen liegt die Welt der Toten entweder irgendwo unter der Erde oder jenseits eines Gewässers, des Okeanos, von dem man meinte, es umschließe die bewohnte Welt. In der *Komödie* vollzieht sich die Wanderung nicht mehr in irgendeiner fernen Gegend, sondern in einem Raum, der klar auf der Weltkarte eingezeichnet ist. Dante wagt es, den drei Jenseitsreichen jeweils einen Ort in der von Gott geschaffenen Welt zuzuschreiben. Dabei hält er sich eng an das damals gültige ptolemäische Weltbild. Zugleich lehnt er sich an mittelalterliche *mappae mundi* an, auf denen seit dem 7. Jahrhundert die drei bekannten Erdkontinente zusammen mit den Orten der Heilsgeschichte abgebildet wurden. Auf ihnen lag der Garten Eden im fernen Asien.

Anders als bei seinen Vorläufern beginnt *Dantes* Reise allerdings gerade nicht an einem rauch- oder nebelumfangenen realen Ort wie dem avernischen Hain, dem Etna oder in einer Grube im irischen Lough Derg, sondern in einem geographisch unbestimmt gelassenen Wald, der Züge einer allegorischen Landschaft trägt. Kaum durchschreitet der Wanderer jedoch das Tor der Hölle, werden die Angaben ganz präzise. Die jeweils zurückgelegten Strecken einschließlich der Zeit, die dafür gebraucht wird, werden benannt. Übrigens so exakt, dass sie im 15. und 16. Jahrhundert einen Filippo Brunelleschi und Galileo Galilei dazu verführten, Dantes Höllenschlund vermessen zu wollen. Erst im Paradies hören die Angaben auf, da sich der Wanderer dem Wesen des ewigen Gottes entsprechend in keinen irdischen Zeit- und Raumkategorien mehr bewegt.

Die Hölle hat die Form eines Schlundes, der sich nach unten

hin immer stärker verjüngt (s. Schema 1, vordere Umschlaginnenseite). Anders als seine antiken und christlich-islamischen Vorgänger wird Dantes Wanderer bis in die tiefste Tiefe, in den *pozzo* (lateinisch *puteus*) hinuntersteigen. Dort herrschen eisige Temperaturen. Auf den ersten Blick wirkt die Architektur des Höllentrichters klar und ordentlich. Punktuell kommt es darin indes zu Zerstörungen und Verwerfungen, die aus der Zeit stammen, in der Christus nach der Kreuzigung ins Reich des Todes hinabfuhr, um die großen alttestamentarischen Figuren ins Paradies hochzuholen. Sein Sieg über den Tod ging nicht ohne Gewalt ab. Eine der dabei entstandenen Verwerfungen wird den Wanderern beinahe zum Verhängnis. Der 19 v. Chr. verstorbene Vergil wusste in der *Komödie* nicht, dass eine der Felsbrücken in den *malebolge*, den üblen Gruben des Betrugs, zusammengebrochen war.

Am tiefsten Punkt ragt der riesige Leib Luzifers heraus, dessen Fledermausflügel ein kühler Wind zum Schwingen bringt. Dort nimmt Vergil seinen Zögling Huckepack und klettert den behaarten Torso Luzifers bis zu den Lenden herunter. Die markieren die Mitte der Erde. Mühevoll dreht er sich dort um 180 Grad, so dass sein verängstigter Gefährte schon meint, sie kehrten in die Hölle zurück. Erst später wird ihm klar, dass Vergil hier unter äußerster Kraftanstrengung die Erdanziehung überwand und an den Beinen Luzifers entlang an die Erdoberfläche emporstieg. Heraus kommen sie auf der südlichen Seite der Erdkugel, die nach antiker wie mittelalterlicher Vorstellung aus Wasser und Wüste bestand. Glücklich staunen der Wanderer und noch mit ihm der schreibende Dante über die vier Sterne, das Kreuz des Südens, die seit der Vertreibung von Adam und Eva aus dem Garten Eden niemand mehr habe erblicken können. Die Wanderer finden sich auf einer Insel am Fuß eines Berges wieder, der oberhalb des ersten Felsbereichs weder Wetter noch Klimaveränderungen kennt. Er erbebt nur, wenn eine Seele ins Paradies aufsteigen darf. Dante lokalisiert das Purgatorium auf der südlichen Seite der Erdkugel, die als unerreichbar für Lebende galt. Ein Engel holt die Toten am Hafen von Ostia ab und schifft sie dorthin.

Codex Altonensis: Der dreiköpfige Luzifer.
Illuminierte Handschrift der *Komödie* aus dem 14. Jahrhundert.

Die Kehrtwende an Luzifers Lenden um 180 Grad ist Dantes originelle Verbildlichung des biblischen Engelssturzes. Nach der Rebellion gegen den Schöpfergott, unmittelbar nach der Erschaffung, wurde Luzifer, der schönste Engel, kopfüber hinabgestürzt. Noch vor seinem Aufprall wichen die Erdmassen entsetzt vor dem Bösen zurück. Seither stak er starr in der Grube, die sich um die Erdmitte herum aufgetan hatte. Die Erdmassen aber, auf der die Menschen später siedeln, verlagern sich auf die bis dahin unbewohnbare nördliche Halbkugel. Auf der südlichen blieb der Läuterungsberg zurück, auf dessen Spitze Adam und Eva erschaffen wurden. Dantes Universum ist somit von zwei tiefen Erschütterungen gezeichnet, die von zwei großen Ereignissen des christlichen Heilsgeschehens verursacht sind, dem Sturz der rebellischen Engel und der Kreuzigung Christi. Geographisch liegt das Grab Luzifers deshalb exakt unterhalb des Grabs Christi in Jerusalem, auf Karten damals die Mitte der irdischen Welt.

Vom Garten Eden aus, durch den die vier Flüsse Tigris, Euphrat, Lethe und Eunöa ziehen, erreicht der Wanderer den Himmel. Während er die Schönheit seiner Führerin Beatrice betrachtet, die ins blendende Licht schaut, schnellt er in Blitzesschnelle zu den Planeten empor, die nach Ptolemäus um die Erde kreisen. Die ersten noch langsam, die höheren immer rascher. Zur Präzisierung der Zeit zieht Dante Sternenbilder heran, unter denen sich sein Flug vollzog. Erst gelangt er zu Mond, Merkur und Venus, auf denen noch der Schatten der Erde lastet, darauf zur Sonne, die damals als Planet galt. Nach Mars, Jupiter und Saturn gelangt er schließlich in die drei Sphären: den Fixsternhimmel, den unbewegten Kristallhimmel, von dem alle Bewegung ausgeht, und das immaterielle Empyreum, die Himmelsrose. Dort ziehen um das göttliche Licht in jetzt abnehmender Geschwindigkeit neun Engelstypen ihre feurigen Kreise, die Dante den Spekulationen des Pseudo-Dionysius entlehnte, eines Autors aus dem 6. Jahrhundert, der sich als Schüler des Apostels Paulus ausgab. Sie sind den sieben Planeten und zwei Sphären zugeordnet entsprechend der aristotelischen Theorie der Intelligenzen, die jeweils den Lauf eines Himmelskörpers lenken. Dass Dante den toten Seelen auf Planeten begegnet, könnte von Platons *Timaeus* angeregt sein, den Beatrice indes explizit korrigiert: Die Seelen hielten sich keineswegs auf den Planeten auf.

Früh wird der Wanderer von Seligen darüber unterrichtet, dass sie sich der Planeten gleich einer Bühne bedienten, um ihm, der wie alle Lebenden nur mit den Sinnen wahrnehmen könne, die Verfasstheit des Himmels begreiflich zu machen. Insofern ist das so Greifbare, in dem sich die bisherige geographisch-kosmologische Präzision fortsetzt, nicht mehr als ein Schein. Dante spannt ein raffiniertes Netz von Verweisen auf das Transzendente über seine ebenso exakte wie plastische Schilderung des Himmels, als wolle er diese dadurch wieder aufheben. Nach dem Verlassen des höchsten Planeten Saturn empfiehlt Beatrice dann aber doch ihrem erwählten Freund, noch einmal nach unten zu schauen, um sich die zurückgelegte Entfernung klarzumachen. In der *Komödie* schaut der Wanderer noch nicht gebannt auf den blauen Planeten, sondern – wie in Scipios Traum aus Ciceros *De re publica* – auf eine lächerlich winzige Erde, ein Blumenbeet, um das die Menschen sich so grausam streiten: *L'aiuola che ci fa tanto feroci* (Par. XXII 151). Im letzten Gesang vergleicht der Dichter den buchstäblich fassungslosen Blick ins Licht Gottes noch mit dem vergeblichen Trachten eines Geometers, der zum Vermessen eines Kreises nach Anfang und Ende sucht. Das Irdische bleibt der Maßstab.

Landschaften

Aus Vergils Unterwelt löst Dante Landschaften und Bauten heraus, gestaltet sie um und weist ihnen einen Platz in seinem klar hierarchisierten Totenreich zu. Das großartige Tor am Palast des Dis verschiebt er etwa an den Eingang seines Infernos. Es steht nun für sich und trägt eine Inschrift. Vom Palast bewahrt Dante die bewehrte Mauer, die nun die eigentliche Höllenstadt – die bei ihm Dite heißt – umschließt.

Von dem Vorhof, den Aeneas bei seinem Abstieg durchquert, könnte wohl auch die Idee der Eingangsbereiche in der *Komödie* herrühren, die jedem Jenseitsreich vorangehen. Im Antipurgatorium etwa warten die Seelen lange auf den Einlass zu ihrer Läuterung. Über den ersten drei Himmeln wiederum liegt der Erdschatten. Und im Inferno verschmilzt Dante den Vorhof mit dem Limbus, dem Saum, in dem die Patriarchen des Alten Testaments lange ausharrten und nach Christi Tod die ungetauften Kinder landen. Bei Dante weilen dort in einem eigenen Bereich zudem große Männer und Frauen der griechischen und römischen Antike sowie zwei Muslime. Also all die, die bis dahin als Nicht-Christen dazu verdammt waren, in den untersten Schichten der Hölle zu schmoren. Dante versetzt sie dagegen auf eine grüne Fläche, die an Vergils Elysium erinnert. Allerdings befindet sich diese nun innerhalb einer edlen, mit sieben Mauern umringten mittelalterlichen Burganlage. Über den ehrfurchtgebietenden Mienen der antiken Bewohner von Limbus hängt eine stille Trauer. Sie wissen, dass ihnen der Anblick Gottes auf immer versagt bleibt. Wenn sie sich in der dunklen Hölle an etwas Licht erfreuen, so stammt das nicht wie bei Vergil von einer eigenen Sonne, sondern von der menschlichen Ratio, dem matten Abglanz göttlichen Lichts.

Antiken Unterweltslandschaften begegnet man bei Dante nicht nur im Inferno. Dem lieblichen Hain, in dem sich Vater Anchises gemeinsam mit anderen läutert, begegnen wir auf der Spitze des Läuterungsberges wieder. Verdutzt schaut der Wanderer dort auf eine reizende, bewaldete und von einem Fluss durchzogene Landschaft voller Blumen und Vogelgesang, in der ewiger Frühling herrscht. Die Jungfrau Matelda bestätigt ihm seine Ahnung, dass das antike Goldene Zeitalter mit dem Garten Eden viel gemeinsam hat (Purg. XXVIII 49–51; 139–141). Heidnische und jüdisch-christliche Traditionen überlagern sich also. Dante bescheinigt damit den heidnischen Dichtern ein ahnungsvolles Wissen von jenem Paradiesgarten, aus dem die Menschen verjagt wurden.

Die Wächter

Unter den Wächtern im christlichen Jenseits tauchen einige mythische Figuren auf. Viele, die Vergil in der *Aeneis* beiläufig nennt, entfaltet Dante voll und versieht sie mit einer spezifischen Aufgabe. Der grimmige Charon, der die Seelen übersetzt, ist dem Vergils deutlich nachgebildet; der gefräßige Zerberus ebenso wie der antike Unterweltsgott Pluto stecken bei Dante jeweils eine Etappe innerhalb des Infernos ab. Offenkundig will Dante in seiner Hölle keine Teufel oder schwarzen Engel haben, wie sie die mittelalterlichen Visionen bevölkern. Die wenigen Stellen, in denen schwarze Cherubine auftreten, überzeichnet er grotesk. Komisch wirkt der Streit zwischen einem Teufel, der sich auf seine Logik viel zugutehält, und dem (ahnungslosen) Heiligen Franziskus um die Seele des gerade verstorbenen

Guido da Montefeltro (Inf. XXVII 112–123). Burlesk sind die Teufel, die die Sünder mit Mistgabeln in einen Kübel voller Pech zurückstupsen und endlich selbst hineinfallen. Dante zieht ihnen antike Gestalten, darunter Kentauren, als Vollstrecker der göttlichen Justiz vor. Die Engel, die vom Purgatorium an die Übergänge bewachen, erfüllen nur mehr rituelle Funktionen.

Um die mythischen Gestalten ins christliche Jenseits einzufügen, konnte Dante nicht umhin, ihnen Gewalt anzutun. Deutlich wird das an der ehrwürdigen Figur des kretischen Königs Minos, den die Götter wegen seiner Gerechtigkeit in der Version Platons für das Amt des höchsten Totenrichters auserkoren. Auch bei Dante waltet Minos hinter dem Limbus seines Amtes, indem er die geständigen sündigen Seelen in den entsprechenden Höllenkreis katapultiert. Aber er erscheint nun in bestialischer Gestalt; anstelle eines weisen Urteilsspruchs schlingt er seinen Schwanz je nach Fall mehrfach um den eigenen Körper. Schwer zu sagen, ob es sich hier um ein Missverständnis Dantes handelt – womöglich verwechselte er Minos mit dessen Stiefsohn Minotaurus – oder ob er ihn bewusst umwandelte, da einem heidnischen Totenrichter schlecht eine würdevolle Rolle innerhalb der göttlichen Justiz zukommen durfte. Die Missgestalt des Minos ist jedenfalls ein Indiz dafür, dass die heidnische Welt dem Christentum unterworfen ist.

Bis heute rätseln Leser darüber, warum am Fuß des Purgatoriums ausgerechnet ein Heide, Cato der Jüngere, Wache schiebt und die ankommenden Seelen streng zum anstehenden Werk der Läuterung antreibt. Verwunderlich ist das aus drei Gründen: Das Heidentum schloss Cato per se von der Liebe Gottes aus, sein Selbstmord in Utica hätte ihn in den Höllenkreis der Selbstmörder befördern müssen, und seine Kritik an Caesar, indem er den Totengräber der republikanischen Freiheit Roms bekämpfte, stand im Widerspruch zu Dantes Verherrlichung des römischen Kaiserreichs. Augenscheinlich gab die Bewunderung für den als sittenstreng geltenden Cato den Ausschlag, der die Freiheit über das eigene Leben, über alles Irdische stellte.

Die drei Führer

Von Vergils *Aeneis* könnte sich auch herleiten, dass Dantes Wanderer von verschiedenen Führern geleitet wird. In der *Commedia* beauftragt Beatrice zunächst den Dichter Vergil, ihren Freund bis zur Spitze des Läuterungsberges zu begleiten (Inf. II); anschließend übernimmt sie seine Stelle und begleitet den Wanderer bis zur Himmelsrose. Dort zieht sie sich auf ihren angestammten Platz unter den kontemplativen Seelen zurück, nachdem sie den heiligen Bernhard von Clairvaux instruiert hat, für den ihr Anvertrauten die Gottesschau von der Jungfrau Maria zu erbitten. Für diese letzte, rein kontemplative Etappe der Wanderung wählt Dante den Zisterzienserabt aus dem frühen 12. Jahrhundert, der heute eher wegen der Reformierung des Klosterlebens im Sinne evangelischer Einfachheit und wegen seiner Kreuzzugspredigten bekannt ist. In der *Komödie* kommt er hingegen als enthusiastischer Mariendichter sowie als Theoretiker mystischer Versenkung zu Wort.

Bei der Wahl der ersten beiden Führer weicht Dante klar von den mittelalterlichen Visionen ab, in denen sich die abgelöste Seele in den Schutz von Engeln, Heiligen oder allgemein anerkannten geistlichen Autoritäten begibt. Darunter fallen weder Dantes Vergil noch seine Geliebte Beatrice. Besonders die späten Visionen könnten indes bei der Ausgestaltung des Verhältnisses zwischen Führer und Zögling durchaus Pate gestanden haben. Denn schon sie reduzierten die Rede der Engel nicht auf lakonische Ortsangaben. Die Geleitenden munterten auf, stießen vor den Kopf oder lasen Gedanken. Dante wird all diese Ansätze mit so großer Konsequenz ausreizen, dass schon seine ersten Kommentatoren über die zutiefst menschliche Beziehung zwischen dem Wanderer und seinen beiden Führern verdutzt waren. Und das umso mehr, als sie in Vergil und Beatrice Personifikationen sehen wollten: Vergil vertrat die Ratio und die Philosophie, Beatrice den Glauben und die Theologie. In dem Maße, in dem sich Theologie und Philosophie Ende des 13. Jahrhunderts voneinander trennten, sorgte Dante dafür, bei der Jenseitsreise die Strecken (fast zwei Drittel), die mit rationalen Mitteln zu bewältigen waren, von denen zu unterscheiden, auf denen die menschliche Vernunft versagte und sich die Wahrheit einzig dem von der Liebe zu Gott beseelten Glauben eröffnete. Allein die *Komödie* tut alles, um einer rein allegorischen Lesart entgegenzuwirken. Vergil wie Beatrice sind keine Hülsen abstrakter Theoreme. Vergil ist mehr noch als Beatrice, die ein Geschöpf der idealisierenden Liebesdichtung Dantes ist, eine durch und durch historische Figur.

Was bis heute einen Reiz der *Commedia* ausmacht, sind die menschlichen Regungen, die sich zwischen dem Wanderer und Vergil entspinnen. Der Schatten, der dem verzweifelten *Dante* zu Hilfe eilt, ist nicht nur einer der großen Stilisten und Epiker Roms, dessen Werke im mittelalterlichen Grammatikunterricht studiert wurden. Er ist nicht nur der Führer, Herr und Meister, dem sich der verängstigte *Dante* blind anvertraut. Vergil stellt sich ihm vom Eintritt in die Hölle an als ein Gezeichneter vor, dessen Gesichtszüge sich aus Mitgefühl verdüstern, sobald sie den Limbus erreichen. Und diese Traurigkeit springt rasch auf den Wanderer über und von ihm wiederum auf die meisten Leser, die sich seit Jahrhunderten – zusammen mit dem Autor – den Kopf darüber zerbrechen, ob Vergil nicht doch einmal im Jenseits ein besseres Geschick zuteilwerden könnte. Mit Vergils menschlicher Tragödie, die zugleich die aller großen Heiden ist, ringt Dante als Wanderer wie als Dichter.

Aus dem Führer Vergil wird bald ein *dolce padre*, ein liebevoller Vater; einmal wird er sogar mit einer Mutter verglichen, die ihr Kind nachts aus dem Feuer rettet, ohne sich etwas überzuwerfen. Der Wanderer schmiegt sich mehrfach schutzsuchend an ihn. Ihre Vertrautheit ist so tief, dass sie sich bald gegenseitig ihre Gedanken an der Stirn ablesen können. Demütig und schuldbewusst reagiert der Wanderer, sobald sein Führer ihn streng für Anflüge von Müdigkeit, Feigheit oder auch für seine mangelnde Aufmerksamkeit rügt. Dessen Autorität verringert sich auch nicht, als im Laufe der Reise die Schwächen Vergils zutage treten. Die Angst, Vergil könne fehlbar sein, ist durchaus begründet. Viele Hindernisse und Gefahren bewältigt er zwar spielend, wenngleich häufig mittels des formelhaften Hinweises auf den, der da oben kann, was er will. Doch als ihnen der Eintritt in die Höllenstadt Dis verwehrt wird, malt sich auf Vergils Gesicht das ganze Ausmaß seiner Verzweiflung über die eigene Ohnmacht ab. Schützend stellt er sich vor den zitternden Zögling, damit ihn nicht der Blick der Medusa treffe; seine beruhigenden Worte können indes die Unruhe nicht verbergen. Später sieht der Wanderer sogar voll Entsetzen, dass Vergil nichts von den heimtückischen Absichten der Teufelsbrigade, den *malebranche*, ahnt und ahnungslos in die Falle tappt. Wusste der große Heide nichts von christlich-teuflischer Gemeinheit?

Es verwundert nicht, wenn sich im Purgatorium die Fehler und Schwächen Vergils sichtlich mehren. Am Fuß des Berges schmerzt es den Wanderer zu hören, dass der Wächter Cato Vergils Schmeicheleien heftig tadelt. Wenig später wird sich der Meister zusammen mit allen anderen Seelen an den Klängen einer gesungenen Canzone, die Dante noch in Florenz verfasst hatte, so berauschen, dass er darüber seinen Auftrag, durchs Purgatorium zu leiten, vergisst (Purg. II). Kaum treibt Cato die Lauschenden auseinander, rötet sich Vergils Stirn vor Scham, was seinen Zögling noch mehr für ihn einnimmt. Kurz bevor Vergil für immer in den Limbus verschwindet, setzt Dante dem Epiker Vergil noch ein ergreifendes Denkmal. Unter den Geizigen begegnen sie dem römischen Dichter Statius aus dem 1. Jahrhundert nach Christus. Ohne zu wissen, dass es sich bei dem Schatten an der Seite des Wanderers um Vergil handelt, erläutert ihnen die Seele Statius', was ihm das Werk Vergils bedeutete (Purg. XXI–XXII). Ihm verdanke er nicht nur die Berufung zum Epiker, sondern erstaunlicherweise auch die Bekehrung zum Christentum. Er vergleicht Vergil mit einem Mann, der nachts die Fackel so trägt, dass sie alle die erleuchtet, die ihm folgen, während er selbst im Dunkeln tappt (Purg. XXII 67–69). Doch ein solches Kompliment – das sich theologisch mit der frühchristlichen Deutung der vierten Ekloge begründen lässt, die von der Ankunft eines friedenbringenden Kindes handelt – ist natürlich zweischneidig. Vergil ist ein Wegweiser, der den Weg nicht ging, den er wies.

Je mehr sich der Leser auf das nuancenreiche Verhältnis des Wanderers zu Vergil einlässt, umso mehr fragt er sich, worauf der Dichter hinauswollte. Dass die *Komödie* voll Ehrfurcht in die Fußstapfen von Vergils *Aeneis* tritt und ohne dieses Vorbild nie Gestalt angenommen hätte, steht außer Frage. Aber könnte sich mit den so menschlichen Zügen Vergils, mit seinem Ort im Inferno nicht auch ein – gemeiner – Hintergedanke verbinden? Wollte Dante das erdrückend große Vorbild demontieren und sich als Autor und Christ über ihn stellen? Und was soll man davon halten, dass sich der Wanderer, als er sich Beatrice erstmals nähert, mit einem leicht abgewandelten Vers aus der *Aeneis* zu Vergil, der inzwischen verschwunden ist, zurückwendet? Läuft hier die kindliche Liebe des Wanderers zu seinem väterlichen Führer dem stolzen Selbstbewusstsein des Dichters entgegen, der den Epiker Vergil zitiert, in die Vulgärsprache überträgt und damit zugleich eine ganz neue Form von Dichtung initiiert, zu der ihn Beatrice berief? Zu einem abschließenden Urteil wird der Leser wohl nie gelangen.

Die Herkunft der Seelen

Vergils Aeneas begegnet in der Unterwelt nur einer Handvoll Seelen, die er von früher kannte, namentlich Trojanern und einigen Griechen, die ihm schamvoll-feige den Rücken kehren. Ebenso treffen die Visionäre im Mittelalter vornehmlich auf ihresgleichen; Mönche auf verstorbene Ordensbrüder oder Kleriker, Hofmänner auf Hofleute. In der *Komödie* erweitert Dante die namentlich erwähnten Seelen auf mehr als 500 – ein Ausmaß, das vorher nur Ovid in den *Metamorphosen* vorlegte. Unter ihnen sind auch viele Zeitgenossen, die aus allen sozialen Schichten stammen. Der Wanderer begegnet neben Dichtern auch Notaren, Juristen und Medizinern, Geldleihern, Handwerkern und Heerführern, Theologen wie Philosophen, Hofmännern und Herrschern, Laien und Klerikern, Frauen wie Männern. In seiner Hölle sitzen zudem erstmals Päpste – mittelalterliche Visionen hatten sich nur an Bischöfe getraut. Wenn es im Inferno noch so aussieht, dass Dantes Jenseits überwiegend mit Bürgern der toskanischen Stadtkommunen, allen voran mit Florentinern besiedelt ist, so ändert sich das vom Purgatorium an. Dort trifft der Wanderer auf Menschen aus ganz Italien, ja aus Europa, auf Könige und schließlich sogar Kaiser. Diese Weitung des Blickwinkels entspringt der Erfahrung des Exils. Fast alles, was damals bekannt oder Dante bekannt sein konnte, und das ist durchaus eine Art Who's Who der Weltgeschichte bis 1320, fand Eingang in die *Komödie*.

Von seinen mittelalterlichen Vorgängern weicht Dante auch darin ab, dass ein großer Teil der Toten der griechischen und römischen Welt entstammt. Im Inferno liegt ihm daran, etliche der Höllenkreise anhand einer antiken, einer biblischen und einer zeitgenössischen Gestalt zu illustrieren, wobei zeitgenössisch das ganze Mittelalter einschließt. Unter den Opfern ihrer sexuellen Begierde schweift der Blick von der babylonischen Herrscherin Semiramis und der Karthagerin Dido über Helena und Paris in Troia bis zu Tristan, dem in Italien hochbeliebten Protagonisten aus den Artusromanen, bevor der Wanderer auf die wenig jüngere Francesca da Rimini aufmerksam wird. In den drei Mäulern Luzifers stecken jeweils ein biblischer und zwei römische Verräter: Judas in der Mitte, die Caesarenmörder Brutus und Cassius links und rechts. Dante macht im Übrigen durchaus Unterschiede zwischen den Zivilisationen. Die antiken Höllenbewohner wirken bei ihm noch unter sehr entwürdigenden Umständen respektheischend. Den listenreichen Ratgeber Odysseus umgibt bei Dante eine Aura, die ihn über die Anfechtungen der christlichen Hölle erhebt. Erst unten bei den Falschmünzern und -rednern kommt es zum Schlagaustausch zwischen einem Griechen – Sinon vor Troia – und einem Florentiner – Maestro Adamo. Ansonsten sondern sich die antiken Sünder von all denen ab, die lange nach ihnen starben.

Vom Purgatorium an verringert sich die Zahl antiker Schatten erheblich. Aber sie verschwinden eben nicht. Cato wacht am Fuß des Läuterungsberges und, noch erstaunlicher, im Himmel prangen unter den Vertretern der Gerechtigkeit der römische Kaiser Trajan und der Trojaner Ripheus. Im Fall Trajans konnte sich Dante auf eine frühmittelalterliche Legende berufen; Ripheus dagegen, den Vergil beiläufig in der *Aeneis* erwähnt, war gänzlich unbekannt. Seine Geschichte ist eine Erfindung Dantes. Die große Welt der heidnischen Antike versackt in der *Komödie* also nicht mehr im Höllenschlund. Überdies bleibt sie bis in den letzten Gesang des Paradiso hinein in den lebendig geschilderten Exempla omnipräsent neben denen, die der jüdisch-christlichen Tradition und dem Mittelalter entnommen sind.

Die physiologische Erklärung der Schattenleiber

In der *Aeneis* weitet Vergil erstmals das lateinische *umbra* (Schattenwurf) auf die Erscheinung von Toten im Jenseits (Schatten) aus. Dante nimmt das auf. Anders als in der Antike oder in mittelalterlichen Visionen verschwendet er indes viel Erfindungskraft darauf, das Paradoxon zu erklären, wie Schatten – immaterielle Körper – die schrecklichsten Strafen erleiden können. Im lichtlosen Inferno stellte sich die Frage noch nicht. Im Purgatorium hingegen, auf dem die Sonne auf- und untergeht, inszeniert Dante mehrfach den Unterschied zwischen Schattenleib und Schlagschatten. Die sich läuternden Seelen reagieren nämlich wiederholt ebenso erstaunt wie erschreckt auf den Schatten, den der Körper des Wanderers wirft. Sie selbst sind dagegen lichtdurchlässig. Ebenso wie Aeneas den Schatten seines Vaters dreimal vergeblich umarmt, lässt Dante die Seele des römischen Epikers Statius die Füße seines Idols Vergil umfangen, der ihn liebevoll zur Besinnung bringt. Im Überschwang der Gefühle hatte Statius einen Schatten wie etwas Solides behandelt, heißt es (Purg. XXI 136). Das steht im Einklang mit den Erklärungen in der *Aeneis,* wonach die Seelen in der Unterwelt eitle Truggebilde sind, die bei dem Versuch einer Berührung verfliegen. Und das meinten auch Kirchenväter wie Augustinus.

Schon im Antipurgatorium wundert sich der Wanderer, wie es möglich sei, dass Schattenkörper Kälte und Qualen erleiden. Als dieser seinen Führer Vergil zum ersten Mal danach fragt, wird er brüsk zurückgewiesen: Wo Gottes Kraft walte, solle der Mensch nicht nach dem Warum fragen (Purg. III 31–37). Erst im 25. Gesang des Purgatoriums erhält er Antwort. Seine Verwunderung über die von Hunger ausgemergelten Schattenleiber ist so gewaltig, dass Vergil seine Frage an Statius weitergibt. Und was der dann vorbringt, ist eine recht mutwillige Mischung aus aristotelischer Embryologie und scholastischer Spitzfindigkeit.

Getreu nach Aristoteles fängt Statius mit dem Akt der Zeugung an und spricht von der formenden Kraft im Blut. Sobald sich ein Embryo ausgebildet habe, hauche ihm Gott eine Seele ein, in der rationale und sinnliche Eigenschaften vereint seien. Im Moment des Todes trete diese mit Ratio und Sinnen behaftete Seele wieder aus dem materiellen Körper heraus, bewahre jedoch die Erinnerung und jene formende Kraft, die im Jenseits erneut tätig werde. Da diesmal eine Materie fehlt, der sie sich einprägen könnte, bescheidet sich die Formkraft mit der umliegenden feuchten Luft, der sie sich eindrückt und darüber die Gestalt eines Schattens oder Bildes (*eidolon*) annimmt. Ebenso erklärt sich übrigens Thomas von Aquin die Erscheinungsweise der eigentlich immateriellen Engel auf Erden. Dante spinnt das zu seiner halb rationalen, halb phantastischen Theorie der Schattenleiber in der *Komödie* aus. Ausgestattet mit Sinnen könne die Seele als Schatten bis zur Auferstehung vor dem Jüngsten Gericht schon Qualen wie Freuden empfinden.

Die ebenso stringente wie abstruse Erklärung zeugt von Dantes Bedürfnis, das, was im Jenseits geschieht, möglichst plastisch wiederzugeben und soweit möglich zu rationalisieren. Zudem verrät sie, wie stark damals Seele und Körper als miteinander verschlungen gedacht wurden. Bei Dante scheint sich das mit dem inbrünstigen Wunsch zu verbinden, die Toten mögen ihre einstige individuelle körperliche Gestalt behalten. Den heiligen Benedikt wagt er zu fragen, ob die göttliche Gnade so weit gehe, ihn anschauen zu dürfen (Par. XXII 60). Ja, bei Dante scheinen sich sogar die Seligen danach zu sehnen, am Ende der Zeit wieder mit ihren Körpern, übrigens in deren schönster Vollendung, vereint zu sein. Und das umso mehr, wie der Wanderer vermutet, als sie dann das Antlitz geliebter Menschen endlich wiedersehen können (Par. XIV 61–66). Trotz aller Glückseligkeit, an der Seite Beatrices den Himmel zu durchstreifen, leidet der Wanderer offenkundig daran, die meisten Seligen nur als strahlende Lichter vor sich zu haben. Erst in der Himmelsrose wird die große, wenngleich abgezählte Schar aller Seligen ihr Gesicht zeigen.

3. Die Ordnungen der Jenseitsreiche

Vor Dante werden die Jenseitsreiche allenfalls grob eingeteilt, in einen idyllischen Ort, an dem Heilige mit ihren Attributen zusammen mit Seligen aufgereiht sind, und eine chaotisch-monströse Hölle. In der *Commedia* dagegen ist die Welt der Toten, sogar das Inferno, geordnet. In dem Bestreben, die Laster und Tugenden in eine ebenso stringente wie rational begründete Ordnung zu bringen, erweist sich Dante als Erbe einer langen Entwicklung. Über seinem Jenseits waltet – im Guten wie im Bösen – zwar weiterhin das archaische Gesetz, Gleiches mit Gleichem zu vergelten, aber dieses Gleiche hatte sich unter dem Druck der gesellschaftlichen und kulturellen Dynamik eben stark differenziert.

Je mehr sich das Mittelalter von der Verachtung der irdischen Welt befreite und im 13. Jahrhundert das Diesseits als grandiose Schöpfung und Spiegel Gottes zu bewundern lernte, umso mehr erhöhte sich das Bedürfnis der Menschen, allen voran der Kirche, auch auf die Zeit nach dem Tod Einfluss zu nehmen. Verstorbener zu gedenken war schon lange Brauch. Vom 11. Jahrhundert an verband sich damit aber mehr und mehr die Hoffnung, die Lebenden könnten mittels Gebeten oder guten Werken die Qualen der Toten verkürzen. Darüber bildete sich allmählich die Vorstellung eines Ortes der Läuterung aus, den man lange in der Hölle oder zumindest in deren Nähe annahm. Theologen wie Bonaventura und Thomas von Aquin lieferten dazu im 13. Jahrhundert die theoretische Begründung. Nach Jacques Le Goff ist es die *Komödie*, die dem Purgatorium seine definitive Gestalt als eigenständiges, wenn auch temporäres drittes Jenseitsreich verleiht. 15 Jahre nach Dantes Tod wird die katholische Kirche 1336 diesen Reinigungsort der Seelen in der Bulle *Benedictus Deus* sanktionieren.

Im 11. Jahrhundert bürgerte es sich zudem ein, Ablässe zu vergeben – eine Praxis, die seit ihrer Einführung scharf kritisiert wurde, so auch von Dante. Bischöfe behaupteten, reuige Sünder unter bestimmten Auflagen und Sühneformen schon im Diesseits von ihren Vergehen freisprechen zu können. Je komplexer sich das politische, ökonomische und gesellschaftliche Leben gestaltete, umso heftiger war das Verlangen, Laster und Sünden nach Art und Schwere zu differenzieren und ihnen ebenso nuancierte Bußen zuzuordnen. Die Sündhaftigkeit der Menschen wurde gleichsam zerlegt. Unterscheidungen wie die zwischen lässlichen und für die Seele tödlichen Sünden, die schon Augustinus aufgebracht hatte, werden nun elaboriert. Allmählich werden die Umstände, Motive oder auch die Häufigkeit eines Vergehens stärker in Betracht gezogen. Gemäß den Vorgaben des römischen und kanonischen Rechts werden daraufhin Sündenart und Buße im Detail festgelegt. Als 1215 auf dem vierten Laterankonzil der Beschluss gefasst wurde, jeder Christ müsse einmal im Jahr – wenig später mehrmals – eine Beichte ablegen, drang die Macht der Kirche immer tiefer in die einzelne Seele ein. Ungewollt trug sie damit zu einer ersten Sensibilisierung für die Individualität jedes Menschen bei.

In der Ordnung der Jenseitsreiche macht sich Dante zum einen die ausführlichen Sünden- und Bußkataloge zu eigen, die den oft überforderten Beichtvätern zur Hand gegeben wurden. Zum anderen fließen in sie die Systematisierungen der Scholastiker ein, die natürlich auch Laster und Tugenden differenziert, klassifiziert und hierarchisiert hatten. Besonders wichtig war für Dante Thomas von Aquin, der die Todsünden und Laster mit antiker Ethik in Einklang zu bringen suchte. Der Rationalisierungsschub, den die Wiederentdeckung der aristotelischen Schriften im 12. Jahrhundert angestoßen hatte, drang auch in die Überlegungen zum Seelenheil ein. Dante wendet auf die drei Jenseitsreiche allerdings unterschiedliche Ordnungssysteme an, über deren Kriterien er jeweils Rechenschaft ablegt.

Das Inferno und die aristotelische Ethik

Das Inferno besteht aus neun teilweise in sich differenzierten untereinanderliegenden Kreisen – in der Neun steckt zwar dreimal die Dreifaltigkeit, in der Hölle mit ihrem dreiköpfigen Herrscher Luzifer wird sie jedoch pervertiert. In den neun Kreisen bringt Dante 25 Arten von Sünden unter. Die Kriterien von Gottes Strafjustiz legt relativ früh der elfte Gesang des Infernos offen – die erste zweistellige Primzahl Elf ist Ausdruck des Unheils. Dort müssen der Wanderer und Vergil eine Pause einlegen, um sich an den Gestank innerhalb der Höllenstadt Dis zu gewöhnen. Da in der *Commedia* Zeit nicht ungenutzt verstreichen darf, erläutert Vergil seinem wissbegierigen Zögling die drei vor ihnen liegenden, sich verjüngenden Kreise (*cerchietti*).

In ihnen wird die Bosheit (*malizia*) bestraft. Vergil erinnert daran, dass dem Himmel vor allem der boshafte Gebrauch der Vernunft ein Dorn im Auge ist. Deshalb seien Verbrechen, die auf physischer Gewalt beruhten, nicht so schlimm wie der Betrug (*frode*). Dieser Kreis stellt denn auch den bevölkerungsreichsten Teil in Dantes Hölle. Die beiden Formen von Bosheit – Gewalt und Betrug – werden, wie im römischen Recht üblich, in sich differenziert, je nachdem wogegen sie sich richten. Gewalt etwa kann gegen Personen und/oder Dinge ausgeübt werden: In einer Gruppe sitzen Mörder, Räuber und Tyrannen beisammen; in einer anderen finden Selbstmörder – weil sie sich Gewalt antaten – und Verschleuderer ihres eigenen Vermögens zusammen; an einer dritten Stelle begegnet der Wanderer denen, die Gott fluchten oder seinem Besitz, sprich: der geschaffenen Natur zuwiderhandelten. Es sind die Sodomiten – Homosexualität galt als widernatürlich – und Wucherer, deren Gewinn sich nicht aus den Gaben der Natur herleitet, sondern aus Zins und Zinseszinsen. Der Betrug wiederum kann sich einerseits gegen jemanden richten, der mit dem Täter nicht sonderlich verbunden ist. Dante unterscheidet hier zehn Unterarten, die in den sich verengenden üblen Gruben (*malebolge*) geahndet werden. Andererseits kann sich der Betrug gegen jemanden wenden, der allen Anlass hat, dem Betrüger zu vertrauen, sei es, weil er mit ihm verwandt ist, die Heimat teilt oder weil er sein Gast, wenn nicht sogar Wohltäter ist. Für Dantes Gott ist der Verrat das schlimmste Unrecht.

Wenn Vergils Zögling danach fragt, wo denn die schon besichtigten sechs Sündenarten einzuordnen seien, reagiert der Lehrer ärgerlich. Ob er seine Ethik, *la tua Etica*, nicht im Kopf habe? Der Aufbau des Infernos steht somit im Einklang mit Aristoteles' *Nikomachischer Ethik*. Auf die besagten oberen sechs Kreise trifft dessen Kategorie des mangelnden Maßhaltens (*incontenenza*) zu. Ob unzüchtig Liebende, Geizige oder Verfressene, jeweils stellten die Sünder ihr Begehren über die Vernunft, die zum Maßhalten als Weg zum glückseligen Leben anhält. Da sie dabei aber vor allem sich selbst schadeten und nicht aus Bosheit handelten, werden sie oberhalb der Höllenstadt gequält.

Vergils Erklärungen wirken schlüssig. Sobald man sie allerdings mit der Höllendarstellung abgleicht, drängen sich Fragen auf. Warum fehlen bei der akribischen Aufzählung von Betrugsarten ausgerechnet die Zwietrachtsäer und die, die zur tückischen List raten? Letzteren widmet Dante mit seinem Ulisse und dem Feldherrn Guido da Montefeltro immerhin zwei seiner größten Gesänge. Und warum geht Vergil mit keinem Wort auf die gerade besuchten, in Sarkophagen sitzenden Epikureer ein? Gemeint sind damit die, die das Leben der einzelnen Seele nach dem Tod verleugnen. Im Christentum fielen sie unter die Häretiker – ein ganz und gar nicht antiker Begriff, der denn auch nicht ins aristotelische Schema gepasst hätte. Und worauf bezieht sich die dritte Kategorie des Aristoteles, die Bestialität, die Vergil erwähnt? Luzifer und die ihn umgebenden Verräter tragen bestialische Züge, aber die sind nicht Ursache, sondern Folge ihrer Sünde.

Außerdem passen die Sünder der allerersten Höllenkreise nicht recht ins aristotelische Schema. Denn Wollust und Völlerei ähneln den christlichen Todsünden aufs Haar. Erst im dritten und vierten Höllenkreis, wenn die Todsünde der Habgier gemeinsam mit dem sinnlosen Verschleudern von Vermögen sowie die Trägheit (*accidia*) am gleichen Ort wie der Jähzorn bestraft werden, kommt das aristotelische Maßhalten als Mittelweg zwischen den Extremen zum Zug. Rühren diese Inkonsequenzen von der Schwierigkeit her, eine erbarmungslose göttliche Strafjustiz mittels einer Ethik plausibel zu machen, die zum rechten und guten Leben anleiten will? Oder handelt es sich um ein Indiz dafür, dass Dante anfangs nicht vorhatte, das Inferno gemäß der aristotelischen Ethik aufzubauen? Wäre die von Vergil als kopflos gescholtene Frage des Wanderers womöglich ein stilles Eingeständnis dieses Umdenkens? Giovanni Boccaccio kolportierte jedenfalls, dass die ersten sieben Gesänge schon in Florenz entstanden seien.

Das Purgatorium und die sieben Todsünden

Über das Ordnungsprinzip des Purgatoriums wird der Wanderer erst im 17. Gesang aufgeklärt. Wieder muss er sich an der Seite Vergils ausruhen. Vergil gibt ihm allerdings keine Auskunft über die sieben Todsünden, noch weniger über deren umstrittene Hierarchisierung und Anzahl, was ihm als Heiden auch schlecht angestanden hätte. Womöglich hielt Dante es für selbstverständlich, dass die Seelen auf den sieben Felsvorsprüngen des Inselberges von den sieben Todsünden geläutert wurden. Nach der Hierarchie, die Gregor Magnus etablierte, setzt Dante die schlimmste Todsünde, den Hochmut (*superbia*), auf die unterste Felsterrasse. Auf sie folgen in nachlassender Schwere der Neid und der Jähzorn, anschließend die Trägheit, der Geiz gemeinsam mit dem gegenteiligen Extrem der Verschwendung, schließlich die Völlerei und die Wollust, die leichteste unter den Todsünden. Warum der Hochmut hier über die im 13. Jahrhundert und in Dantes *Komödie* so variantenreich und dominant entfaltete Todsünde der Habgier (*cupiditas*) gestellt wird, erfährt der Leser nicht.

Vergils Erläuterung erfolgt nach dem Eintritt in den Kreis der Trägen, also derer, die in ihrer Liebe zu Gott zu säumig waren. Dort sucht er seinem Zögling das dem ganzen Purgatorium zugrunde liegende Prinzip näherzubringen. Geläutert werden lauter Weisen, in denen die dem Menschen eingeflößte Liebe zu Gott von ihrem wahren Ziel abkommen kann. Vergils Rede ist somit grundsätzlicher Natur. Er reflektiert über die Gründe, warum sich die von Gott geschaffenen und mit seiner Liebe versehenen Geschöpfe vom rechten Weg überhaupt entfernen. Es geht um das uralte Problem: Wie konnte sich das Böse in die göttliche Schöpfung einnisten?

Nach Vergil gibt es zwei Formen von Liebe, die natürlich-instinktive, die frei von Irrtum ist und die der Mensch mit den Tieren teilt, sowie die seelische, die auf einer Wahl oder einer

Entscheidung beruht und somit dem Menschen spezifisch ist. Diese allein sei für Störungen anfällig. Was Vergil nun bei seiner rationalen Durchleuchtung der sieben Todsünden ausbreitet, steht im Einklang mit der bis ins 16. Jahrhundert einflussreichen Schrift über Laster und Tugenden des französischen Dominikaners Wilhelm Peraldus. Demnach kann sich die Liebe einer Seele entweder im Gegenstand irren oder nicht das rechte Maß einhalten. Unter die erste Kategorie fallen all diejenigen, deren Liebe ihnen selbst gilt und die Anderen darum Böses wünschen. Die Hochmütigen erheben sich über sie; die Neidischen gönnen ihnen nichts, und die Jähzornigen rächen sich an ihnen für irgendeine Zurücksetzung. Unter die zweite, im Vergleich weniger schlimme Kategorie gehören die zu schwach liebenden Trägen sowie all diejenigen, die zu stark den Gütern der irdischen, von Gott geschaffenen Welt verfallen sind, sei es den Reichtümern, dem Essen oder dem Reiz eines anderen Körpers. Auf der höchsten Stufe der Wollust werden Homo- und Heterosexuelle geläutert.

In seiner Rede benennt Vergil überdies die wesentliche Voraussetzung des Purgatoriums: *dopo giusto penter,* die Reue zur rechten Zeit. Sie ist der Grund, warum dasselbe Vergehen den einen ewige Qualen in der oberen Hölle beschert, den anderen vorübergehende im Purgatorium. Letztere empfanden aufrichtig Reue, wenn auch vielfach erst im allerletzten Augenblick. Aber das rettete sie vor ewiger Verdammnis. Die Todsünden im Purgatorium sind somit vom Prinzip der unermesslichen Liebe und Gnade Gottes eingefasst, von dem der Heide Vergil und die Ratio hoffnungslos überfordert sind. Vergil verweist seinen Zögling bescheiden an kundigere Führer. Vom Teufel aus gesehen erscheint diese Gnade des neutestamentarischen Gottes regelrecht als ein Akt der Willkür (Purg. V 105–107). Weder der Autor noch der Dichter verhehlen ihr Erstaunen über die Weisen, in denen Gottes Liebe tätig wird, über deren Arbitrarität. In der *Komödie* tragen die Ordnungssysteme somit ihre Problematisierung in sich.

Das Paradies und die Tugenden

Das Paradies dehnt sich über zehn Himmelsbahnen aus – Zehn ist eine vollkommene Zahl, die sich aus der dreifachen Trinität plus der für Gott stehenden Zahl Eins ergibt. Auskunft über die Gründe der Reihenfolge erhält der Wanderer nicht. Im 28. Gesang enthüllt ihm Beatrice lediglich die Beschaffenheit der neun himmlischen Feuer, die Gott in rasender Geschwindigkeit umkreisen. Es handelt sich um neun hierarchisch gestufte Engelschöre, die wiederum den sieben Planeten und zwei bewegten Sphären vorstehen. Aus den sieben Planeten schließt man, Dante habe dem Paradies die sieben Tugenden zugrunde gelegt, also die vier aus der Stoa stammenden Kardinaltugenden (Klugheit, Tapferkeit, Gerechtigkeit, Mäßigung), die Dante aus Ciceros *De officiis* kannte, und die drei theologischen Tugenden (Glaube, Liebe, Hoffnung). Allerdings folgen die Gruppierungen der Seligen nicht immer dem Schema.

Die ersten drei Gruppen bestehen aus Seelen, deren Liebe zu Gott im Leben nicht vollkommen war. Auf dem Mond – dessen Zu- und Abnehmen auf Unbeständigkeit hindeutet – erscheinen dem Wanderer diejenigen, die ihr Gelübde, Christus nachzufolgen, aufgrund von äußerem Druck nicht zu halten vermochten. Dem Merkur sind die zugeordnet, die von allzu großem Ehrgeiz besessen waren. Auf dem Planeten Venus zeigen sich die, die zu stark liebten. Keine der drei Gruppen von Seligen, die im Leben recht menschlich blieben, lässt sich also mit einer Tugend in Zusammenhang bringen. Erst bei den folgenden vier Planeten ist das möglich. Die Sonne, auf der sich die großen Weisen der Bibel, die Kirchenväter sowie Theologen und Philosophen des 13. Jahrhunderts dem Wanderer vorstellen, steht für Klugheit (*prudentia*). Auf dem Mars, der mit Tapferkeit (*fortitudo*) assoziiert wird, begegnet der Wanderer den Glaubenskämpfern und Kreuzrittern. Jupiter steht für *iustitia*, und die Besonnenheit oder Mäßigung (*temperantia*) ist mit Saturn verknüpft, auf dem ausgerechnet Asketen und kontemplative Geister versammelt sind. Die drei theologischen Tugenden – Glaube, Liebe, Hoffnung – werden danach zwar erwähnt, aber in anderer Form, als Themen in drei Prüfungen nämlich, die Dante im Fixsternhimmel bestehen muss. In der Himmelsrose schließlich herrscht ein völlig anderes Ordnungsprinzip. Hier sitzen Figuren des Alten Testaments, die auf den Messias warteten, denen gegenüber, die Christus nachfolgten. Übrigens sind nur noch wenige Plätze unter Letzteren frei – ein Indiz für das bevorstehende Ende der Welt.

Und doch fällt das Fehlen eines durchgehenden Ordnungsprinzips in der dritten *cantica* nicht auf. Die Abfolge der Planeten und Himmelssphären wirkt so einleuchtend, weil sie vorgegeben ist. Unter all den Seligen herrscht große Harmonie, die als Ganzes und in jedem Teil von Gott ausströmt und auf ihn bezogen ist. Merkwürdigerweise kommen durch die Hierarchisierung, die Dante auch dem Himmel zugrunde legt, keine Misstöne auf. Die Seligen sind zwar unterschiedlich vollkommen, ihre Gottesschau darum schwächer oder stärker, aber das ist kein Anlass zu Neid oder Eifersucht. Die Seligen der unteren Planeten sind von der ihnen möglichen Gottesschau vollauf beglückt. Die Klassifikationen und Hierarchien in Dantes Himmel veranschaulichen, wie vielfältig und höchst individuell die Wege sind, auf denen der Mensch Gottes Wille erfüllen und ein gutes Leben führen kann. Er kann die irdischen Freuden des Lebens leben. Er kann sich für das Wohlergehen anderer aktiv einsetzen (*vita activa*). Er kann sich aber ebenso gut der Meditation hingeben (*vita contemplativa*). All das ist Dantes Gott gefällig, wenn es auch nicht gleichermaßen unmittelbar zu ihm ist.

4. Die einzelne Seele und ihr Ort in der göttlichen Ordnung

Schon bei Homer oder in der *Aeneis*, selbst in den mittelalterlichen Visionen lösen sich gelegentlich einzelne Seelen aus der Masse der Toten heraus, um mit dem lebenden Besucher zu sprechen. Während sich die Gespräche in der Antike auf das Diesseits als den einzigen Wert konzentrieren und den Protagonisten persönlich betreffen, illustrieren die hervortretenden Seelen im Mittelalter meist nur ihre Schuld und Bestrafung. Sie verweisen exemplarisch auf die im Jenseits waltende Ordnung. Das ist auch in der *Komödie* so. Da gibt es die langen Aufzählungen, in denen anlässlich bestimmter Sünden oder Tugenden bekannte Persönlichkeiten aus Antike, Bibel und Mittelalter Revue passieren. Ihrem Namen, zu dem Leser bis ins 18. Jahrhundert sogleich die Geschichte oder den Mythos beisteuern konnten, wird die ein oder andere prägnante Charakterisierung hinzugefügt. Aber das sind rhetorische Kunstgriffe, mit denen Dichter die zur Monotonie neigenden Namenskataloge zu beleben verstehen. Da gibt es Szenen, in denen Dante einzelne Schatten auswählt, um die Art ihrer Sünde exemplarisch offenzulegen oder auch deren Bestrafung – das Prinzip des *contrappasso*, wörtlich übersetzt, des Gegenschritts.

Mit großer Finesse und Phantasie wird in dem göttlichen Straf- und Läuterungssystem das altbabylonische Gesetz der Vergeltung, die *lex talionis*, umgesetzt. Viele Höllenstrafen sind leicht durchschaubar. Wer sich etwa von seinen sexuellen Trieben hinreißen ließ, der wird nach dem Tod von stürmischen Winden hin- und hergeschleudert. Auf dem Läuterungsberg werden die Hochmütigen von zentnerschweren Felsbrocken zu Boden gepresst, die der Völlerei Verfallenen hungern und die Wollüstigen brennen im ewigen Feuer. Daneben gibt es in der Hölle Strafen, deren Bezug damals wie heute nicht gleich ersichtlich ist. Erklärt wird er gleichwohl nicht immer. Erst weit unten bei den Zwietrachtsäern, die durch Betrug einen Keil in die Gemeinschaft schieben, wird das Prinzip des *contrappasso* exemplarisch an zwei Sündern vorgeführt. Vor den Augen des Wanderers reißt sich erst Mohammed, in dem Dante nur den Betreiber einer weiteren gefährlichen Abspaltung vom katholischen Christentum begreifen konnte, die Brust bis zu den Eingeweiden auf – ein sprechendes Bild für das Aufspalten der Einheit. Länger weilt der Wanderer bei dem provenzalischen Sänger Bertrand de Born, der ihm mit dem abgeschlagenen Kopf in der erhobenen Hand entgegentritt und an sich die göttliche Strafjustiz demonstriert (Inf. XXVIII 139–142).

Etliche der herausgehobenen Seelen sind bei Dante indes so stark mit Persönlich-Biographischem angereichert, dass sie sich nicht mehr auf die Aufgabe des Exemplifizierens reduzieren lassen. In wenigen Strichen zeichnet sie Dante, der darum als großer Menschenkenner gerühmt wird, so lebendig und menschlich, dass sie sich von ihrer Stellung im Jenseits gleichsam ein Stück weit ablösen. Der gefräßige Ciacco, Vanni Fucci mit seiner rätselhaft obszönen Handgeste oder, im Purgatorium, der träge Bevilacqua, sie sind mehr als mahnende Typen. In einigen Fällen gewinnen sie eine solche Eigenständigkeit, dass sie sich der Ordnung, die sie repräsentieren sollen, zu widersetzen scheinen. Die Rede, in der etwa Francesca da Rimini dem bangen Wanderer Auskunft darüber gibt, warum sie unter den Wollüstigen endete, ist so formvollendet, kultiviert und voller Zauber, dass der Leser den Ort vergisst, an dem sich der Wanderer befindet.

Im 20. Jahrhundert hat man sich gerade in Deutschland über die Spannung den Kopf zerbrochen, die zwischen Francescas Platz unter den Verdammten und ihrem ungetrübt edlen Auftreten herrscht. Die einen – Hugo Friedrich – lesen Francesca als ein Lehrbeispiel für den Wanderer wie Leser, um das Verführerische an der höfischen Kultur klarzumachen. Der Wanderer lerne langsam, sich die göttliche Rechtsprechung zu eigen zu machen und von dem individuellen Fall abzusehen. Die anderen geben der eindrucksvollen Manifestation des Individuellen den Vorzug. Auf den Spuren Hegels, dem schon der «in die wechsellose Ewigkeit projizierte Realismus» Dantes auffiel, entwickelte Erich Auerbach die These, dass Dante die im Christentum ausgebildete Figuraldeutung, wonach Episoden aus dem Alten Testament ihre Erfüllung im Neuen Testament finden (der alte Adam etwa verweist auf den neuen Menschen Christus oder Eva auf Maria), aufgegriffen und auf das Verhältnis von Diesseits und göttlichem Jenseits angewandt habe. Die einzelne Seele ergreife das Gespräch als letzte Chance, sich in ihrer Essenz oder Individualität noch einmal auszudrücken. Im Jenseits erreiche sie die vollste Entfaltung ihres irdisch-historischen Lebens. Darüber gewännen sie, so Auerbach in seinem Buch *Mimesis*, Autonomie gegenüber dem ihnen von Gott zugewiesenen Ort im Jenseits: «das Bild des Menschen tritt vor das Bild Gottes. Dantes Werk verwirklichte das christlich-figurale Wesen des

Gustave Doré: Bertran de Born. *Komödie*-Illustration (1861)

Menschen und zerstörte es in der Verwirklichung selbst; der gewaltige Rahmen zerbrach durch die Übermacht der Bilder, die er umspannte.»

Zu dieser Spannung zwischen Individuum und göttlicher Ordnung trägt noch bei, dass manchmal weder die Seelen noch der Wanderer an der jeweiligen Sünde interessiert zu sein scheinen. Die Toten nutzen die Gelegenheit, um zu erfragen, was sich inzwischen auf Erden zugetragen hat. Umgekehrt ist der Wanderer zum Beispiel bei Odysseus nur daran interessiert, wo und wie er gestorben ist. Was Odysseus daraufhin erzählt, hat mit Homer nichts mehr zu tun. Dantes Ulisse fuhr nicht zurück nach Ithaka zu Frau und Sohn, sondern mit seiner Mannschaft über die Säulen des Herakles hinaus Richtung Süden, um seinen Lebensabend sinnvoll zum Erwerb neuer Erfahrungen und Kenntnisse einzusetzen. Aufgrund dieser so eindrucksvollen Erzählung bis zum Schiffbruch meinte mancher Leser schon, Ulisse werde für seine Neugier (*curiositas*) bestraft. Der Schiffbruch unmittelbar vor dem Ufer ist sicherlich eine Rache Gottes, aber im Inferno findet die Seele des Ulisse ihren Ort unter den Betrügern, die zur List rieten.

Berühmt geworden und als Inbegriff des Sublimen im 18. Jahrhundert bewundert ist der 33. Gesang des Infernos. Der Wanderer zieht hier an den unterschiedlich tief im Kokytos eingefrorenen Verrätern vorbei, die in ihm nur noch Abscheu erregen. Doch dann hört er die Stimme eines bis zum Kopf eingefrorenen Wesens, das bestialisch am Hinterschädel eines anderen nagt. Sie stammt aus der Kehle des Grafen Ugolino della Gherardesca, der sich an die letzten Wochen seines Lebens in Pisa erinnert, die mit seiner Sünde nichts zu tun haben. Von dem Erzbischof Ruggero, an dessen Kopf er nagt, war er zusammen mit seinen Kindern in einen Turm gesperrt worden. Nach einer Weile träumte er ahnungsvoll von einer blutigen Jagd auf eine Wolfsfamilie. Selbst von Hunger geplagt muss er wenig später das Leiden seiner Kinder ansehen, die sich ihm sogar zum Mahl anbieten. Einer nach dem anderen sterben sie, ohne dass der Vater ein Wort hätte sagen können. Über seinen Schluss: *poscia, più che 'l dolor, potè 'l digiuno* (wörtlich übersetzt: dann vermochte mehr als der Schmerz der Hunger; Inf. XXXIII 75) entzweien sich bis heute Leser: Verging sich Ugolino an den Leichen der Kinder oder erlitt er selbst den Hungertod? Nach Jorge Luis Borges lässt Dante das bewusst offen. Ugolinos Monolog wird in der *Commedia* nicht kommentiert. Vom Ort in der göttlichen Ordnung des Infernos her gesehen ist es fast skandalös, dass ein Landesverräter, für den Dante Ugolino hielt, eine solche Tragödie erleben darf, die ihn über die Grenzen des Menschen

Erträglichen hinaushebt. In 71 Versen schreitet der Leser das Spektrum von Verzweiflung über Rührung bis zum Entsetzen aus und vergisst einmal mehr, wo er sich in Dantes Jenseits befindet.

Im Purgatorium und mehr noch im Paradies lässt die Spannung zwischen Individualität und göttlicher Ordnung nach. Der Gedanke ans Diesseits tritt bei den sich läuternden Seelen zurück. Auch hier kommt es zwar zu großartig verknappten Beschreibungen einzelner Figuren, etwa der edlen Pia, deren Leidensgeschichte ein Vers fasst: *Siena mi fè, disfecemi Maremma* (*Ich wuchs in Siena, starb in der Maremma;* Purg. V 134). Nur sind die Seelen eben gern an dem ihnen zugewiesenen Platz und befreien sich voll Eifer nicht nur von ihren Vergehen, sondern auch von ihrer irdisch-individuellen Hülle.

III. Der Wanderer und der Dichter auf ihren Wegen durchs Jenseits

Die Jenseitsreise eröffnet dem Wanderer den Weg aus einer persönlichen Krise, deren Ursachen nicht genannt werden. Da sich die Handlung in der Fiktion der *Komödie* im Jahr 1300 abspielt, steht die Verbannung noch bevor. Auf seiner Reise wird dem Wanderer dies Schicksal erst dunkel-ahnungsvoll, zuletzt klar und deutlich eröffnet. Von Anfang an ist der Wanderer aber kein unbeschriebenes Blatt. Gelegentlich spielt er auf seine sehr ambitionierte, facettenreiche und teilweise problematische Vergangenheit als Mensch, Politiker und Dichter an. In mehrerlei Hinsicht steckt er in einer Sackgasse. Wir müssen uns den Wanderer und Dichter der *Komödie* als einen Mann vorstellen, dem viele Fragen, darunter auch literarische, auf der Seele brennen. Über die aufrichtige Not eines Christen legen sich bei ihm die großen Fragen eines wachen Zeitbeobachters, von denen uns einige heute noch angehen. Anders als später Goethes Faust weiß Dantes Protagonist zwar, was die Welt im Innersten zusammenhält, aber er ist von den zahlreichen Symptomen eines tiefgreifenden gesellschaftlichen, künstlerischen und politischen Wandels verstört, den er auch an sich selbst spürt. Es verlangt ihn nach Orientierung, nach einem Halt, der im christlichen Mittelalter nur von der göttlichen Ordnung herrühren kann. Doch wie ließ sich diese mit der auf Erden tagaus, tagein gelebten verworrenen, sich verändernden Realität zusammenbringen? Und wie konnte er das seinen Zeitgenossen angemessen in Versen vermitteln? Der Wanderer und der Dichter, der die Erlebnisse danach aufschreibt, legen jeweils für sich einen Weg voller Abenteuer zurück.

1. Zeitpunkt und Ablauf der Reise: Das Jubeljahr 1300

Biographisch gesehen muss das Jahr 1300, auf das die Jenseitsreise datiert ist, für Dante voller anstrengender politischer Tätigkeiten als Prior in Florenz und als Botschafter, unter anderem beim Papst, gewesen sein. Entschied er sich in der *Komödie* also für dieses Jahr, weil er sich damals die zum Feind machte, die ihn wenig später in die große Krise seines Lebens stürzen sollten? Oder hing die Wahl des Jahres schlicht damit zusammen, dass er 1300 die biblische Lebensmitte, das 35. Lebensjahr, überschritten hatte? Wahrscheinlicher ist, dass Dante seine Reise ins Jenseits mit dem ersten christlichen Jubeljahr zusammenfallen lassen wollte, das Papst Bonifaz VIII. Ende 1299 zum ersten Mal ausrief.

Auf eine jüdische Tradition zurückgreifend, nach der in regelmäßigen Abständen unter den Israeliten die Schulden erlassen und der Besitz untereinander ausgeglichen wurde, forderte Bonifaz VIII. die Gläubigen zu einer Pilgerfahrt nach Rom auf, um – unter bestimmten Auflagen – von ihren Sünden freigesprochen zu werden. Bis dahin blieb das Kreuzrittern vorbehalten, die das Grab Christi aus muslimischer Hand zurückerobern wollten. Anlässlich des 1300. Jahrestags der Geburt Christi stellte der Papst nun auch denen, die auf der Reise nach Rom starben, einen vollständigen Sündenerlass in Aussicht. In Dantes *Komödie* ist zu hören, dass sogar Seelen, die vor Weihnachten

1299 starben und wegen ihrer säumigen Gottesliebe im Hafen von Ostia lange auf die Überfahrt zum Läuterungsberg hatten warten müssen, von dem Ablass profitierten (Purg. II 98–99) – eine Vorstellung, die der blühenden Phantasie Dantes entsprungen ist, indes einiges über das damals ausgeprägte Bedürfnis nach Erlösung verrät. Das Ausrufen des Jubeljahrs war eine weitere beispiellose Manifestation der Selbstherrlichkeit von Papst und Kirche, die ihre Macht auf die Zeit nach dem Tod auszudehnen trachteten. Was Anspruch oder Anmaßung betrifft, standen der Autor der *Komödie* und der ihm wegen seiner Machtgier so verhasste Papst Bonifaz einander wenig nach. Während der Papst behauptete, sündige Seelen vor der ewigen Verdammnis bewahren zu können, gab der Schöpfer der *Komödie* vor, unmittelbaren Einblick in die Kriterien und Formen göttlicher Gerechtigkeit erhalten zu haben.

Zeitpunkt und Ablauf der Jenseitsreise lassen sich erstaunlich exakt anhand der Angaben zum Sonnenstand und den Sternenbildern in der *Komödie* rekonstruieren. In den dichten Wald gerät der Wanderer am Gründonnerstag, der im Jahr 1300 auf den 24. März fiel; im Laufe des 25. März trifft er auf den Schatten Vergils. Der 25. März (Mariae Verkündigung) – mit dem in Florenz damals das neue Jahr begann – war im Jahr 1300 zudem ein Karfreitag, also der Tag, an dem Christus ans Kreuz geschlagen wurde. Parallel zu dessen Passion steigt der Protagonist der *Komödie* gegen Abend ins Reich der Toten hinab. Den Höllenschlund steigen Vergil und er, sich stets nach links, also zur damals schlechten Seite wendend, ohne Unterlass eine Nacht lang und den folgenden Karsamstag hinab. Vom tiefsten Punkt, der Mitte der Erde, aus klettern sie 21 Stunden lang hoch bis zur Erdoberfläche in der südlichen Hemisphäre. Aufgrund der Zeitverschiebung kommen sie nicht am Abend, der in der nördlichen Hemisphäre herrscht, sondern am Morgen – um 7.30 Uhr – des Ostersonntags am Fuß des Läuterungsberges an. Die Ankunft im Freien entspricht dem Osterlicht, wie es in den christlichen Kirchen zum Zeichen der Auferstehung Christi angezündet wird.

Der Weg auf dem Läuterungsberg, der nun immer rechts langgeht, dauert am längsten. Denn jede Bewegung ist hier auf das Sonnenlicht angewiesen. Am Ostermontag wacht der Wanderer vor dem Eingangstor zu den Terrassen der Läuterung auf; die zweite Nacht verbringt er bei den Müßigen, und die dritte fällt über ihn herein, als er die letzte Läuterung von der Wollust sowie das alle Seelen reinigende Feuer durchlaufen hat. Am Mittwoch, dem 30. März 1300, begegnet er Beatrice auf der Spitze des Berges wieder und steigt anschließend mit ihr zu den Himmelsplaneten auf. Dafür braucht er rund 20 Stunden, denn die Geschwindigkeit, die er an der Seite Beatrices anschlägt, kommt dem heutigen Verfahren des Beamens nah. Die Gottesvision hebt als mystische Erfahrung den Schauenden aus der Zeit heraus. Sie kann den Bruchteil einer Sekunde oder eine Ewigkeit dauern. Die Arbeit an der Niederschrift wiederum wird mehr als 15 Jahre in Anspruch nehmen.

2. Der Wanderer im Inferno: Ein Lernprozess

Der Wanderer besichtigt systematisch alle Bereiche der Hölle. Einige Begegnungen ragen indes heraus, da sie ihn aus verschiedenen Gründen persönlich ansprechen. Das Ausmaß seiner Rührung oder Emotionalität ergibt sich aus seinen mehr und minder kleinen sprachlichen oder körperlichen Reaktionen. Auch wenn es im Paradies heißt, die Seelen seien alle nach dem Grad ihrer Berühmtheit ausgewählt worden, um für den Wanderer und die Leser von höherem Interesse zu sein (Par. XVII 136–142), etliche unter ihnen sind erst durch Dante berühmt geworden und nur seinetwegen da. Sie entspringen seinen Lebensumständen. An den Begegnungen lässt sich ein mehrschichtiger Lernprozess verfolgen, den der Wanderer als Mensch und Christ sowie als Lyriker durchläuft.

Vorschusslorbeeren für den Dichter der Komödie

Nach der Verzweiflung im finsteren Wald trifft der Wanderer, als er das Schlimmste schon hinter sich glaubt, auf drei Tiere, die ihm den Aufstieg zum Licht verstellen. Die Personifikationen der Todsünden der Wollust, des Hochmuts und der Gier nach

Materiellem sind universell gültig. Hier treffen sie aber auch den Protagonisten unmittelbar. Denn sein bisheriges Leben, wie es sich aus der *Komödie* ergibt, steht im Zeichen eines Liebesverlangens, das nicht immer sublime Formen annimmt, eines Hochmuts, der ihn in allem, was er anpackt, antreibt, und schließlich – das scheint das Übelste zu sein – im Zeichen einer unstillbaren Gier, bei ihm nach Anerkennung und Erfolg.

Kaum hat der Wanderer aus der Selbstvorstellung des Schattens, an den er sich hilferufend wendet, herausgehört, dass Vergil vor ihm steht, ist die große Not verflogen. Überschwänglich begrüßt er den römischen Dichter. Er sagt sogar, sich dessen Kommen durch sein langjähriges Studium und seine große Liebe zum hohen Stil – den *bello stilo* – verdient zu haben (Inf. I 87). Und das ist nicht ganz falsch. Denn im folgenden Gesang erfährt er von Vergil, dass sich die selige Beatrice tatsächlich von einem solchen Gedanken leiten ließ, als sie zu Vergil hinuntereilte, damit er ihren Freund aus dem Verderben rette. Ihrem Schützling konnte offenbar in der brenzligen Lage nur noch die Eloquenz – die klangvolle Rede des Römers – helfen. Während der Wanderer als Christ in einem Zustand äußerster Verzweiflung steckt, aus dem ihn all seine Zerknirschung und Anstrengung nicht herauszuholen vermögen, wird ihm als Dichter eine exzeptionelle Ehrung zuteil. Sie gebührt allerdings erst dem künftigen Dichter, der sich von seinen lyrischen Experimenten in und nach dem *Dolce Stil Novo* ab- und seinem neuen Vorbild Vergil folgend einem neuen – epischen – Genre zugewandt hat.

Die außerordentliche Würdigung dieser dichterischen Neuorientierung setzt sich zunächst fort. Was der Wanderer an der ersten Station der Reise erlebt, ist das, wovon nach ihm noch viele träumen werden, nämlich sich einmal mit den großen Toten der Weltgeschichte unterhalten zu können. Während er nur von weitem auf die Römer und Römerinnen, die sich durch ihre Tugenden und ihren aufopferungsvollen Einsatz für die Res publica ausgezeichnet hatten, und auf die Philosophen um Aristoteles blickt, die den Kosmos auf Ordnung und Gesetzmäßigkeit hin erforschten und für die die Glückseligkeit des Menschen in seiner Bestimmung zu erkennen besteht, erlebt er die antiken Dichter aus nächster Nähe.

Vier Schatten schreiten ihm entgegen, um Vergil – dem *altissimo poeta*, wie sie ihn anreden, wenngleich der Titel natürlich auch ihnen zusteht – ihren Gruß zu entbieten. Vergil stellt ihnen sogleich seinen Zögling vor. Um sich herum hat der Wanderer also dieselben Dichter, an denen man sich beim Studium der lateinischen Grammatik und der Rhetorik im Mittelalter ein Beispiel nahm und die Dante in der *Vita Nova* als höchste Autoritäten beim Umgang mit rhetorischen Figuren anführte: allen voran Homer, auch wenn damals im Westen noch keine Übersetzungen seiner Epen im Umlauf waren. Daneben Ovid, dessen *Metamorphosen* – ein Gedicht zur Weltentstehung mit einer Fülle von Mythen – in christlich-allegorischer Auslegung viel rezipiert wurden. Sowie Horaz, dessen Poetik ein wichtiger Leitfaden war, wenngleich seiner hier vor allem als Autor von Satiren gedacht wird. Und schließlich Lukan, dessen Epos *De bello civili* über den Bürgerkrieg zwischen Caesar und Pompeius, an dessen Seite Cato eine wichtige Rolle spielt, damals hochgeschätzt wurde. Abgesehen von Ovid und Horaz, deren Werke dem niedrigen oder mittleren Stil zuzuordnen sind, handelt es sich um Epiker, also um Vertreter des hohen oder auch tragischen Stils, wie er bei Dante heißt.

Im Limbus darf der Wanderer, der sich bis dahin nur als Lyriker, obendrein in der verpönten Volkssprache, hervorgetan hat, nicht nur den vertrauten Gesprächen unter den Größten seines Faches lauschen – über deren Inhalt dem Leser nichts verraten wird, da er nichts zur Sache der Jenseitsreise tue. Er wird sogar in ihre Mitte als sechster aufgenommen. Er gehört damit zur bis dahin uneinholbaren Elite der *bella scola* (Inf. IV 94). Noch bevor sich der Wanderer an die Niederschrift der *Komödie* begibt, erhält er die schönste denkbare Anerkennung. Die bedrohliche Lage, in der er als Christ schwebt, steht im krassen Widerspruch zu den Vorschusslorbeeren, mit denen er als künftiger Autor der *Komödie* überschüttet wird. Wenn sich die edle Schar zuletzt trennt und Vergil an der Seite des Wanderers den Weg in die Tiefe der Hölle einschlägt, wird zudem deutlich, dass der Florentiner Neuling zu Höherem berufen und der Schatten Vergils dazu bestimmt ist, ihm den Steigbügel zu halten. Selbst wenn es nur die ‹Gnade der späten Geburt› ist, dem Wanderer steht anders als den antiken Größen der christliche Himmel offen. Er wird die epische Dichtung zu alter und zugleich neuer, das heißt christlicher Größe führen. Seine Bewunderung, seine Demutsbekundungen gegenüber den Alten sind aufrichtig, aber darein mischt sich das Bewusstsein, über sie hinausgehen zu können. Dante hat sich wohl nicht einmal – nach einem im Mittelalter verbreiteten Topos – für einen Zwerg auf den Schultern von Riesen gehalten. Wenn später die qualvoll sich wiederholenden Metamorphosen der Körper der Diebe in Schlangen beschrieben werden, tritt der Dichter in einen offenen Wettstreit mit Lukan und Ovid (Inf. XXV 94–99). Seine Dichtung hat keinen Grund mehr, auf antike Vorbilder neidisch zu sein.

Der erste Schock: Francesca da Rimini

Nach dem Eintritt in den zweiten Höllenkreis hören die Freuden des Wanderers abrupt auf. Unter den Wollüstigen war ihm eine junge Frau aufgefallen, die zusammen mit einem Mann von Winden hin- und hergeworfen wird. Freundlich folgt sie seiner höflichen Bitte, vor ihm innezuhalten. Selbst die Winde lassen nach während dieses ersten langen Gesprächs mit einer Sünderin. Francescas Rede ist wohlgesetzt und melodiös. Wenn sie sich dem Wanderer als Sünderin vorstellt, die von ihrem Ehemann in flagranti mit ihrem Schwager Paolo ertappt und erschlagen wurde, zitiert sie aus einem Gedicht des Bologneser Lyrikers Guido Guinizelli, das den jungen Dante stark geprägt hat. Sie evoziert darin die Vorstellung, dass die Liebe nur bei edlen Herzen sogleich Feuer fange. Francesca beruft sich darin auf eine innerhalb der volkssprachlichen Lyrik weitverbreitete Anschauung von der Liebe als Distinktion edler Herzen, die sich in der Hingabe an eine unerreichbare Dame obendrein sublimierten. Dante verlegt in die weibliche Stimme, die in der mittelalterlichen Lyrik meist stumm bleibt, seine eigene lyrische Vergangenheit.

Francescas Antwort auf die Frage des Wanderers, in welchem Moment und wie das diffuse Wohlgefallen aneinander in Begehren umgeschlagen sei, ist unzählige Male illustriert worden. Auch wenn es sie zutiefst schmerzt, sich in ihrem jetzigen Elend an die glückliche Zeit zu erinnern, schildert sie formvollendet, wie sie zusammen mit dem jungen Paolo eines Tages einen der damals sehr beliebten Artusromane las. Gemeinsam erlebten sie die Abenteuer des *Lancelot*, des edlen Ritters, den die unstatthafte Liebe zu Geneviève, der Gemahlin des Königs Artus, auch Dinge tun ließ, die ihm nicht ziemten. Zum Verhängnis wurde Francesca und Paolo allerdings erst der Kuss, den Lancelot dem lächelnden Mund seiner Dame aufdrückt. Lapidar fasst sie ihren Sündenfall zusammen: *quel giorno più non vi leggemmo avante* (*an jenem Tag lasen wir nicht weiter;* Inf. V 138).

Während im höfischen Roman der großgewachsene Ritter Galehaud den ersten Kuss Lancelots ermöglicht und vor den Blicken der anderen abschirmt, ist der Verführer oder Galeotto im Falle Francescas kein Mensch, sondern der Roman und der, der ihn schrieb. Man weiß nicht, welche Version des Lancelotromans das Paar las. Mit dem Zitat Guinizellis zusammen hat es den Anschein, als wolle Dante die höfische Liebeskonzeption insgesamt an den Pranger stellen, die sich zugleich eindrucksvoll in der Lyrik, auch in seiner eigenen, niederschlug. Man kann das traurige Ende von Paolo und Francesca im Jenseits sowohl pauschal als Kritik an Literatur auffassen – die Warnung vor den schädlichen Folgen der Romanlektüre gerade auf Frauen kennt noch das 19. Jahrhundert – als auch differenzierter als Warnung vor einer naiven, allzu emotionalen Lektüre.

Dem Wanderer selbst kommen bei Francescas Erzählung die Tränen. Er nimmt Anteil an ihrem Geschick und fällt zuletzt in Ohnmacht. Vielleicht flüchtet er sich auch darein, um die Augen vor der schmerzlichen Einsicht zu verschließen, mit der für ihn eine ganze Welt einstürzt. Das Verständnis der Liebe als einer Besonderheit, deren Gewalt der jeweils Betroffene nichts entgegensetzen könne, stellt sich hier als (Selbst-)Betrug dar. Denn die göttliche Justiz hält die Liebenden für voll schuldfähig, weil sie ihrem Begehren nachgaben anstatt auf ihre Urteilskraft, auf

Eugène Delacroix: Paolo und Francesca (1824–25). Wasserfarben

das dem Menschen eigene *liberum arbitrium* zu hören. An dieser Stelle ist der Wanderer nicht in der Lage, die Verfehlung und die Angemessenheit der Strafe einzusehen. Er ist überwältigt und fällt, so heißt es, wie ein toter Körper zu Boden. Im Schlussvers des fünften Gesangs folgen aufeinander vier im Italienischen harte k-Laute vor dunklen Vokalen, gleichsam um die Verdüsterung, den inneren Zusammenbruch des Wanderers erfahrbar zu machen: *e caddi come corpo morto cade* (Inf. V 142).

Die Werte des Diesseits

Das Inferno ist nicht nur eine einseitige Abrechnung mit Florenz oder der toskanischen Munizipalpolitik. Der Wanderer hat sich seine Bewunderung für große, politisch tonangebende Figuren aus dem 13. Jahrhundert bewahrt. Was ihm in einer Reihe von Begegnungen indes langsam aufgeht, ist die Einsicht, wie wenig die irdischen Ideale des Gemeinwohls, der Loyalität oder des Ruhms bei der Gerechtigkeit der Jenseitsreiche ins Gewicht fallen. Die Werte des Diesseits werden von der göttlichen Ordnung kaum berücksichtigt.

Schon im sechsten Gesang erkundigt sich der Wanderer danach, wo er im Jenseits die großen Florentiner Anführer antreffen könne. Besonders neugierig ist er auf den letzten ruhmreichen Anführer der Ghibellinen aus dem Adelsgeschlecht der Uberti: Farinata. Ihm ist ein eigener Gesang, der zehnte, gewidmet. Nachdem der Wanderer das Tor zur Höllenstadt Dis durchschritten hat, kommt er an etlichen offenen Sarkophagen vorbei. Eine Stimme, die sich an ihn als Toskaner wendet, reißt ihn plötzlich aus dem Gespräch mit Vergil heraus. Erst nach längerem Hinsehen erkennt er in der Dunkelheit eine imposante Gestalt, die von der Taille an aus einem der Sarkophage herausragt. Farinata erhofft sich von dem Landsmann Nachricht aus der Heimat und von seiner Familie. Was die beiden so unterschiedlichen Menschen sogleich verbindet, sind der gemeinsame Akzent und natürlich Florenz. Kaum gibt sich der Wanderer jedoch als Parteigänger der Guelfen zu erkennen, entspinnt sich zwischen ihnen ein zorniger Streit. Farinata erinnert ihn daran, wie oft die Ghibellinen die Guelfen ins Exil schickten; der Wanderer wiederum eröffnet ihm, wie wenig Farinatas Nachfahren die Kunst der Rückkehr aus dem Exil beherrschten, woraufhin der ihm nach einer Weile dunkel androht, auch er werde erfahren, wie schwer diese Kunst zu lernen sei.

Dennoch beeindruckt noch den schreibenden Dichter ungemein, mit welcher Verachtung Farinata den Qualen der Hölle begegnet. Er nennt ihn großherzig, *magnanimo*, das größte Kompliment, das man einem Herrn damals machen konnte. Auch der Wanderer ist sichtlich von der Begegnung absorbiert. Zunächst, weil sie ihn nochmals mit der Besonderheit konfrontiert, dass Tote zwar Vergangenheit und Zukunft, aber nicht die Gegenwart kennen. Dann, weil er innerlich damit hadert, dass ein solcher Mann, der das Wohl der Stadt über alle Parteiinteressen stellte, unter den ewig Verdammten landen konnte. Farinata hatte sich 1260 nach dem Sieg über das guelfische Florenz über den dringlichen Wunsch seiner Pisaner und Sieneser Verbündeten hinweggesetzt und die eigene Stadt nicht dem Boden gleichgemacht. Der großmütige Einsatz für soziale und politische Wohlfahrt erweicht die göttliche Gerichtsbarkeit indes nicht. Fast höhnisch bestraft sie mit den offenen Sarkophagen Farinatas Zweifel am Leben der individuellen Seele nach dem Tod. 1282 war dessen Leiche in Florenz ausgegraben, von der Inquisition verurteilt und anschließend, wie bei Häretikern üblich, verbrannt worden. Die Lektion in Sachen, was für das Urteil nach dem Tod entscheidend ist, trifft den Wanderer hart.

Im 15. Gesang stößt er unter den Homosexuellen auf Brunetto Latini, den er ehrfurchtsvoll seinen Meister, ja Vater nennt. Im Gegensatz zu Farinata muss der Lehrer in der Hölle unentwegt über einen brennend heißen Boden laufen. Eine würdelose Situation, die während des Gesprächs mit dem Wanderer, der sich herunterbeugen muss, kaum abgemildert werden kann. Brunetto, ein engagierter Guelfe, musste in den 1260er Jahren nach Frankreich ins Exil. Die Jahre des Wartens auf die Rückkehr nutzte er, um auf Altfranzösisch ein großes enzyklopädisches Werk, den *Trésor*, zu verfassen. Darin machte er seine Leser unter anderem mit Ciceros Rhetorik als Grundlage für jede Entscheidungsbildung und damit für erfolgreiches politisches Handeln in einer Republik vertraut. Eine kürzere italienische Version trägt den Titel *Tesoretto*; ihrer Anfangsszene ist übrigens der erste Gesang der *Komödie* nachempfunden. Nach der Rückkehr stieg Brunetto, soweit sich das rekonstruieren lässt, zu einer Art moralisch politischer Eminenz des definitiv guelfisch gewordenen Florenz auf. Er muss die neue Generation politisch engagierter Guelfen, darunter Dante Alighieri, herangebildet haben.

Einmal mehr klaffen irdische Verdienste und die erniedrigende Realität göttlicher Strafjustiz auseinander. Wie ambivalent die Begegnung gestaltet ist, lässt sich an der Spannbreite ihrer Deutungen ermessen. Während man früher nur die Liebe Dantes zu seinem Lehrer und seine Trauer über die Folgen eines verborgen gebliebenen Lasters wahrnahm, neigt man inzwischen dazu, die Szene für eine ausgemachte Gemeinheit zu halten. Über die mutmaßliche Pädophilie ist aus anderen Quellen nämlich nichts zu erfahren. Dante habe den verehrten Lehrer womöglich dafür bestrafen wollen, sich nicht der italienischen Volkssprache, sondern des Altfranzösischen bedient zu haben. Alte wie neue Lesart sind überzogen. Ihr Vorzug liegt darin, uns die anhaltende Zerrissenheit des Wanderers zwischen den Werten des Diesseits und des Jenseits vor Augen zu rücken. All die selbstverständlichen Anschauungen und Ziele, mit denen er in Florenz aufwuchs, muss er vor dem Hintergrund der göttlichen Ordnung überdenken. In manchen Fällen ist das einfach – etwa bei der Familienrache, die er selbst unterließ, was ihm der betroffene Verwandte noch in der Hölle vorhält. Der Auftritt einzelner herausragender Sünder in der Hölle dagegen macht dem Wanderer das Umdenken schwer. Sie bestätigen ihn allzu stark in seinen tief verwurzelten Ansichten, wenn sie von der Schönheit der Erde schwärmen oder weiterhin weltlichen Idealen huldigen. Der Wanderer steht vor dem Rätsel einer beeindruckenden irdischen Größe, die sich einige Sünder trotz der körperlichen Peinigung und der finster-verworfenen Umgebung bewahrten.

In der Unterhaltung erwähnt Latini die hohen Erwartungen, die er in seinen Schüler gesetzt hat und in denen er sich nun, da er ihn durchs Jenseits ziehen sieht, vollauf bestätigt fühlt. Liebevoll und dankbar erinnert ihn der Wanderer daran, von ihm gelernt zu haben, wie sich der Mensch verewige: *come l'uom s'etterna* (Inf. XV 85). Dem Streben nach Ruhm, der Arbeit am Werk weihe er weiterhin sein Leben. Angesichts der ewigen Verdammnis, in der sich sein Lehrer befindet, nimmt sich dies Versprechen des Schülers allerdings schal, wenn nicht zynisch aus. Latini bleibt jedoch wie vorher Farinata für solche Misstöne unempfindlich. Für ihn zählt allein der Nachruhm auf Erden. Gleichsam als letzten Willen legt er, kurz bevor er zurück zu den anderen Sündern wieselt, dem Wanderer seinen *Tesoro* ans Herz. Es kommt ihm gar nicht in den Sinn, der Schüler könne alle Details der Jenseitsreise aufzeichnen und ihn, den Autor dieser enzyklopädischen Dichtung, als einen auf ewig über heiße Steine Hüpfenden diffamieren.

Zwischen den beiden großen Florentinern Farinata und Latini entfaltet sich im 13. Gesang das Gespräch mit Piero della Vigna, dem höchsten Beamten am Hof Kaiser Friedrichs II. Aus der Sicht der Florentiner Guelfen vertritt Piero die feindliche kaiserliche Macht, die sich in der ersten Hälfte des 13. Jahrhunderts den letzten heftigen Schlagabtausch mit dem Papst lieferte. Piero della Vigna wurde indes auch in Florenz unter den Jüngeren als Meister der Rhetorik, genauer der Kunst des Briefeschreibens (*ars dictaminis*) bewundert. Der Wanderer trifft ihn unter den Selbstmördern an, die zur Strafe in Bäume verwandelt werden. Auf Vergils Geheiß bricht er einen Zweig ab, woraufhin der Baum aufschreit und zu klagen beginnt. Der so höflichen Bitte des Wanderers, sich ihm vorzustellen, kann die verwundete Seele nicht widerstehen. Noch einmal führt Piero den ganzen Glanz seiner lateinischen Eloquenz bis in paradoxe Formulierungen hinein vor, wenngleich nun transponiert in die Vulgärsprache.

In der *Komödie* hat Piero Gelegenheit, sich vom Vorwurf des Verrats an seinem Kaiser reinzuwaschen und seine Unschuld zu beteuern. Aus Neid, der am Hofe herrsche, war er verleumdet und vom Kaiser verurteilt worden. Noch einmal spricht aus ihm der Kanzler des Reiches, der die Geheimnisse seines Herrn kennt und ihm huldigt. Piero verabsolutiert dabei das Säkulare, hier in Gestalt des gottgleichen Kaisers, indem er sakrale oder theologische Termini auf den Monarchen überträgt. Wenn er sich daran erinnert, die beiden Schlüssel zum Herzen des Kaisers und damit des Reiches besessen zu haben, dann ist das eine klare Anspielung auf die zwei Schlüssel, die Christus seinem Stellvertreter Petrus überreichte. Hinter der meisterlichen Rhetorik, die in dem Gesang klangvoll entfaltet wird, zeichnet sich das problematische Verwischen der Grenze zwischen Sakralem und Säkularem ab. Und das gibt dem Wanderer wie dem schreibenden Dichter, der in der *Komödie* Papst und Kaiser als von Gott unmittelbar eingesetzte gleichrangige Instanzen betrachtet, ebenso wie dem Autor Dante selbst zu denken. Denn der hatte in Briefen Kaiser Heinrich VII. als Messias und Friedensbringer gehuldigt.

Der Wanderer unter bestechlichen Politikern

Auf dem Pfad durch die Hölle sticht eine Etappe (Inf. XXII–XXIII) heraus, weil die Angst des Wanderers überall mit Händen zu greifen ist. Schon aus Gründen des Suspense gerät er zwar immer wieder in bedrohliche Lagen, im Tal der *barattieri* aber – also derer, die sich für ihr politisches Votum korrumpieren ließen, und das ist der Vorwurf, mit dem sich die Neri ihrer politischen Feinde entledigten, – verschärft sich die Not. Selbst Vergil scheint sich Sorgen zu machen. Er versteckt seinen Schützling hinter einem Felsbrocken, bevor er zu den Wächtern geht, den *malebranche*, einem grotesken Regiment furzender Teufel. Da die Felsbrücke eingebrochen ist, fragt er sie nach dem Weg. Während sich Vergil auf die Beteuerungen der Teufel verlässt, ihnen sicheres Geleit zur nächsten intakten Brücke zu geben, schwant dem Wanderer, der das Gespräch mithört, Böses.

Die meisten Seelen stammen hier nicht aus Florenz, sondern aus der Kommune Lucca, der damals offenbar der Ruf der Käuflichkeit ihrer politischen Elite vorauseilte – im Purgatorium wird sich diese Sicht als einseitig herausstellen. Es ginge zu weit, in den starken emotionalen Reaktionen des Wanderers ein Eingeständnis seiner Schuld zu sehen, aber sie könnten auf eine beklemmende Ahnung hindeuten, irgendetwas könne an der Anklage vielleicht doch dran sein, insofern Kommunalpolitik von allen Spielarten der Bestechung nicht recht freizuhalten ist. Die eigene Angst hindert den Wanderer nicht daran, gebannt das groteske Spektakel um den Topf voll Pech zu verfolgen, bis die Teufel der tückischen Bosheit ihrer Opfer auf den Leim gehen und selbst hineinfallen. Die Wanderer entfernen sich daraufhin sofort. Denn nun dämmert auch Vergil die Hinterlist der Teufel. Es gelingt den beiden gerade noch, sich vor den wutschnaubenden *malebranche* in die Grube der Heuchler hinüberzuretten. Hinter der Groteske der Episode deuten sich die Fallstricke des politischen Lebens in den aufstrebenden Stadtkommunen an. Der Wanderer entgeht ihnen nur um ein Haar.

Ulisse: Dantes Alter Ego

Giovanni Boccaccio hat als einer der Ersten in der Figur des Ulisse – der italienische Name wird im Deutschen wegen der großen inhaltlichen Abweichungen vom homerischen Original gern beibehalten – das *alter ego* Dantes ausgemacht. In seiner Dante-Vita übernimmt er sogar eine Formulierung aus der Rede des Ulisse. Wie der von sich sagt, er habe sich nicht durch seine Pflichten weder gegenüber dem Vater noch gegenüber Penelope noch gegenüber dem Sohn Telemachos von der Entdeckungsfahrt und dem Streben nach Erkenntnis als höchstem Ziel des Menschen abhalten lassen, schreibt Boccaccio und nach ihm Petrarca über Dante, dieser habe sich weder von seiner Armut noch von Verpflichtungen gegenüber Frau oder Kindern davon abbringen lassen, sein Meisterwerk zu vollenden.

Die Identifikation des Wanderers mit Ulisse ist nicht aus der Luft gegriffen. Sie wird durch eine Reihe von Anspielungen in der *Komödie* nahegelegt. Vor Antritt der Reise fragt der Wanderer seinen Führer, ob das ganze Unternehmen nicht *folle* (verrückt) sei (Inf. II 35). Später nennt Ulisse seinen Aufbruch über Gibraltar und die Säulen des Herakles hinaus in ein Gewässer, das noch von keinem Menschen befahren wurde, einen verrückten Flug: *folle volo* (Inf. XXVI 125) – wobei *volo* damals das Reisen in ungewisse Elemente, also Wasser wie Luft, bezeichnet. Übrigens vergleicht der Dichter seine Reise auch mit den mythischen Figuren Ikarus und Phaeton, deren Flüge ins Sonnenlicht ein schlimmes Ende nahmen. Mit dem legendären Griechen Odysseus teilt der Wanderer, der ebenfalls die südliche, Lebenden eigentlich unzugängliche Hemisphäre betritt, den Mut und die Neugier für das, was jenseits des Raums liegt, der den Menschen zugewiesen ist. Mit Ulisse verbindet ihn die Wertschätzung menschlicher Ratio, des Strebens nach Erkenntnis, bei dem die Grenzen immer weiter hinausgeschoben werden. Daher hat man Dantes Ulisse schon für eine Gestalt der Renaissance, wenn nicht sogar für einen Vorläufer des Kolumbus gehalten. In der *Komödie* werden jedoch die dem Irdischen gesetzten Grenzen streng eingehalten. Davon ausgenommen ist allein der Wanderer selbst. Der entscheidende Unterschied zwischen ihm und dem Griechen besteht darin, dass sich Ulisse ausschließlich auf die eigenen, menschlichen Kräfte verlässt und daher untergeht, während er, der Wanderer, das Jenseits – ohne Schaden zu nehmen – durchschreitet, weil Gott es so will.

Ulisse nennt als Ursache seines Schiffbruchs etwas vage den Willen einer höheren Macht. Als Heide kannte er den christlichen Gott nicht; zudem dürfen die Höllenbewohner den Namen Gottes nicht im Mund führen. Anders als Vergils ebenso lapidare wie wirkungsvolle Formel von dem, der da oben kann, was er will, heißt es bei Ulisse nur bitter: *com' altrui piacque*, *wie es dem anderen gefiel* (Inf. XXVI 141). In dieser Formulierung steckt das Eingeständnis des Seefahrers, die eigenen Möglichkeiten überschätzt und gegen Gott aufbegehrt zu haben. Für moderne Ohren klingt darin eher das Ausmaß an Willkür im menschlichen Schicksal durch. Nach wie vor geht Primo Levis Lesart in seinem Bericht *Ist das ein Mensch* unter die Haut, wie er sich im Arbeits- und Vernichtungslager Auschwitz-Birkenau an diesem Monolog des Ulisse, soweit er ihn noch auswendig konnte, einen kostbaren Augenblick lang innerlich aufrichtet. Einerseits identifizierte er sich mit jenem Willen zur Erkenntnis, der nach Ulisse den Menschen vom Tier trennt; andererseits gefiel ihm die Formel, *wie es dem anderen gefiel,* weil sie gut auf sein eigenes, willkürlich über ihn verhängtes Geschick, den Holocaust, passte. Es wäre abwegig, Dante zu Beginn des 14. Jahrhunderts nachzusagen, er habe im Schiffbruch des Ulisse einen Akt göttlicher Willkür gesehen. Die Tatsache jedoch, dass er der gewagten Expedition, die Gott offenkundig spurlos auslöschen wollte, ein solches Denkmal setzt, macht aus dem Vielgereisten mehr als nur den negativen Gegenpart des christlichen Jenseitswanderers. Einmal mehr verdichten sich in einer faszinierenden Gestalt die Werte des Diesseits, von denen sich der Wanderer kaum losreißen kann.

Der Rückfall: Die Lust am Streitgedicht

Von den Betrügern an empfindet der Wanderer kein Mitleid mehr mit den Hölleninsassen. Im Gegenteil, der Anblick der Peinigungen scheint ihn ab und zu regelrecht mit Schadenfreude zu erfüllen. Vom achten Kreis an akzeptiert er die göttliche Strafjustiz nicht nur, er heißt sie obendrein gut. Die Qualen der Verräter wird er sogar mutwillig steigern, indem er die aus dem Eis herausstakenden Köpfe mit Füßen tritt, die Sünder beschimpft oder genussvoll ihr wohlgehütetes Geheimnis ans Licht zerrt. Heutige Leser tun sich mit solchen hasserfüllten Tiraden oder genüsslich erteilten Schlägen schwer. Sie finden jedoch den Beifall des sonst so maßvollen Vergil. Sein Zögling macht offenkundig Fortschritte.

Umso erstaunlicher ist es, dass der Wanderer im 30. Gesang der Hölle kurz rückfällig wird. Im Kreis der Fälscher, deren Körper so aufgedunsen sind, dass sie sich nicht mehr bewegen können, fällt sein Blick auf Maestro Adamo, der die Florentiner Münze im Auftrag zweier Grafen fälschte. Wegen seines exakten Goldgehalts avancierte der Fiorino zur europäischen Währung und festigte damit die wirtschaftliche Blüte der Stadt. Maestro Adamo endete auf dem Scheiterhaufen und danach in der Hölle. Als er auf die Bitte des Wanderers hin seine Leidgenossen unter den Falschmünzern und Falschrednern namentlich aufzählt, erregt er den Zorn des Griechen Sinon, der wie viele aus den untersten Kreisen lieber inkognito bliebe. Durch einen Meineid hatte Sinon die Trojaner dazu verleitet, das hölzerne Pferd in die Stadt zu ziehen. Zwischen ihm und Maestro Adamo kommt es daraufhin zum Zank. Da beide in ihren Bewegungen stark eingeschränkt sind, fließt ihre Wut in Verbalinjurien, genauer in die lyrische Form des Streitgedichts – der *tenzone* –, in der Dante selbst als junger Mann brillierte und für deren Grobheiten er sich im Purgatorium schämen wird. Es handelt sich um eine deftige gegenseitige Beschimpfung, bei der heikle Reim- und Formvorgaben peinlich genau befolgt werden. Üble Beschimpfung also auf höchstem metrischen Niveau (Inf. XXX 106–129).

Mit angehaltenem Atem lauscht der Wanderer dem Spiel der Reime, den wiederkehrenden Worten und vergisst darüber, Vergil zu folgen. Voll Zorn weist ihn der römische Epiker zurecht, der für solche Niederungen vulgärsprachlicher Dichtung überhaupt nichts übrig hat, so dass der Wanderer darüber rot anläuft vor Scham. Er wird getadelt für seine alte Lust an Streitgedichten, die für die toskanischen Stadtkulturen so bezeichnend waren, für die *bassa voglia* (die niedrige Lust). Einmal mehr fällt die Kritik allerdings ambivalent aus. Denn die Schelte folgt einer Darbietung, die nicht nur den Wanderer, sondern auch die Leser in ihren Bann schlägt.

3. Der Wanderer im Purgatorium: Ein Prozess der Läuterung

An die Stelle des Lernprozesses, den der Wanderer in der Hölle durchläuft und der ihn als Lyriker weithin ungeschoren davonkommen lässt, tritt im Purgatorium eine stufenweise Läuterung des Menschen und nun sehr viel stärker auch des Dichters. Der Wanderer bleibt an der Seite seines heidnischen Führers, der allerdings immer häufiger anderswo Auskunft über den Weg nach oben durch das Felsgestein erbitten muss und oft ebenso verwundert wie sein Schützling über das ist, was er sieht. Offenkundig ist auf Vergil nicht mehr völlig Verlass. Um den Berg bis zur Spitze zu erklimmen, muss der Wanderer selbst aktiv werden. Anders als im Inferno, in dem sich die Stufen der Qualen und ihre herausragenden Vertreter wie Perlen einer Kette exakt voneinander getrennt aneinanderreihen, durchzieht die 33 Gesänge des Purgatoriums eine Dynamik persönlicher Läuterung und Verfeinerung, die der Protagonist zusammen mit den sich reinigenden Seelen, nur sehr viel schneller als sie, durchlebt. Die toten Seelen, denen er begegnet, fungieren denn auch mehrfach als eine Art Spiegel seiner eigenen sträflichen Neigungen und Gefährdungen.

Die Läuterung des Wanderers

Kaum sind die erschöpften Reisenden unten am Läuterungsberg vom Wächter Cato zur Rede gestellt worden, werden sie zurück ans Ufer geschickt. Dort wäscht Vergil seinem Zögling im Tauwasser den Ruß der Hölle vom Gesicht und umgürtet ihn mit Schilf – dem Symbol demütiger Biegsamkeit, die alles erduldet und wieder emporschnellt. Danach beginnt der Aufstieg mählich, denn die beiden wissen nicht recht, wohin sie sich wenden sollen. Das entspricht dem Antipurgatorium, in dem die angekommenen Seelen mehr oder minder lange auf ihre offizielle Aufnahme in den Prozess der Läuterung warten. Zusammen mit seinem Führer vertrödelt der Wanderer denn auch mit Gesprächen und Musik seine Zeit und vergisst darüber das entscheidende Ziel, seine Reinigung. Vergil macht den Fehler nur einmal und hält seinen Zögling danach regelrecht zum Multitasking an. Selbst wenn ihn noch so viele Seelen freundlich belagerten, dürfe er auf seinem Weg nach oben nicht innehalten. Zeit ist kostbar in dem einzigen temporären Jenseitsreich.

Ablenkungen gibt es in dem Vorraum viele. Den wartenden Seelen ist der dunkle Schatten, den Dantes Körper wirft, Anlass zu freudig-erschreckter Neugier, so dass der Wanderer darüber zum öffentlichen Spektakel zu werden droht, wenn er sich nicht sogar im Rampenlicht gefällt. Er vermag sich zudem des großen Zuspruchs kaum zu erwehren, als ihn all die säumigen Seelen anbetteln, nach seiner Rückkehr auf die Erde ihre Verwandten über ihren Verbleib zu unterrichten. Während der Wanderer den verdammten Seelen eine letzte Chance bot, Nachrichten aus dem Diesseits zu empfangen und noch einmal die Wahrheit ihres eigenen Lebens zu sagen, sehen die sich Läuternden in ihm vornehmlich das Band zu den Hinterbliebenen, die ihnen mit Gebeten und Messen die Buße im Jenseits erleichtern können. Vergil jedoch mahnt zur Eile. Jede Seele sei für ihr eigenes Wohl verantwortlich und dürfe niemals den vor ihr liegenden Weg aus dem Auge verlieren.

Im neunten Gesang wird der Wanderer schlafend von der heiligen Lucia auf das Terrain vor dem Tor hochgehoben, das Unbefugten den Zutritt zu den sieben Läuterungsterrassen verwehrt. Dort sitzt ein Engel mit gezogenem Schwert, der die Ankömmlinge auf Herz und Nieren prüft. Wie im Mythos von Orpheus und Eurydike gibt es von hier an keinen Blick noch Schritt zurück. Der Wanderer geht drei Stufen aus unterschiedlichen Steinen hinauf, die für die drei Phasen der Beichte stehen: Zerknirschung über das eigene Tun, das Geständnis und die Buße. All das vollzieht sich ohne Worte. Auf Vergils Eingabe hin bittet der Wanderer danach um Einlass. Der Engel fügt ihm erst mit dem Schwert sieben Wunden, jeweils in Form eines P (für *peccato*, Sünde), auf der Stirn zu. Danach öffnet er mit Hilfe eines silbernen und eines goldenen Schlüssels das schwere knarzende Tor. Die sieben Wunden werden dem Wanderer übrigens, immer wenn er eine Terrasse verlässt, eine nach der anderen wieder von der Stirn gelöscht. Im Kernbereich des Purgatoriums erscheint er noch viel stärker als Christ oder Jedermann im hofmannsthalschen Sinne. Dass ihm alle sieben Todsünden auf die Stirn eingraviert werden, hängt mit dem Vorhaben zusammen, Zeugnis über alles abzulegen. An den Reaktionen des Wanderers wird allerdings abermals spürbar, welche ihn insbesondere belasten. Neid und Trägheit tangieren ihn weniger, stark dagegen die schlimmste Todsünde, der Hochmut, der ihm, wie er im Paradies erfährt, in den Genen zu liegen scheint. Außerdem ist er nicht frei von Zorn und Gier. Nicht zuletzt ist er der leichtesten Todsünde verfallen, der Wollust. In die Aufeinanderfolge der sieben Terrassen ist somit eine ganz persönliche Geschichte von Verfehlungen und Sünden eingeflochten, aus der sich ein in den Anekdoten und Novellen des 14. Jahrhunderts weidlich ausgeschlachtetes Psychogramm des Autors gewinnen ließ.

Die Läuterung vollzieht sich in einem steten Wechsel von Beobachten und Erleiden. Neben der jeweiligen körperlichen Peinigung nach dem Prinzip des *contrappasso* gehören dazu Meditationen über beispielhafte Fälle, Gebete und Gesänge, die überwiegend den Psalmen entnommen sind. Vor fast jeder Terrasse erklingt ein liturgischer Gesang, der auf das Kommende einstimmt. Jeweils trifft der Wanderer zuerst auf Beispielfälle zu der der Todsünde entgegengesetzten Tugend. Sie sind einerseits dem Alten und Neuen Testament – mit einer klaren Bevorzugung der Marienlegende –, andererseits der Antike entnommen. Beim Hochmut etwa verschlagen dem Wanderer brillant gefertigte, sprechende Marmorreliefs den Atem. Auf ihnen dargestellt sind die demütige Haltung der Jungfrau Maria, als der Engel ihr die frohe Botschaft überbringt, König David, der zum Ärger seiner Frau hingebungsvoll und alles andere als majestätisch vor der Bundeslade tanzt, und Kaiser Trajan, der seinen Feldzug unterbricht, um dem Gesuch einer armen Mutter, deren Sohn ermordet wurde, stattzugeben und Recht zu sprechen. Wie die sich vom Hochmut läuternden Seelen meditiert der Wanderer tief heruntergebeugt über diesen Episoden.

Nach dieser Einstimmung anhand von Steinreliefs – an anderer Stelle sind es Stimmen, Visionen, sprechende Bäume oder auch Läuternde, die sich die Beispiele regelrecht einpauken, – begegnet der Wanderer den Seelen, deren Körperhaltung im Leid er spontan annimmt. Bei den Hochmütigen, die von Felsbrocken zu Boden gedrückt werden, neigt er sich tief herab. Bei den Zornigen ist er von demselben schwarzen Rauch geblendet, so dass er sich an Vergil festhalten muss. Bei den Geizigen starrt er derart zu Boden, dass sein Körper darüber die Gestalt einer Brücke annimmt. Bei den Wollüstigen tastet er sich auf einem engen Grat zwischen läuterndem Feuer und Abgrund vor. Ganz zum Schluss muss er nochmals all seinen Mut zusammennehmen, um durch das reinigende Feuer zu gehen, das das irdische Paradies umschließt. Gemeinsam mit den Seelen erfährt der Wanderer somit am eigenen Leib, was es heißt, das nach christlicher Vorstellung krumm gewordene Holz der Menschheit durch jahrelange mühselige Exerzitien gerade- und das heißt: zu Gott zurückzubiegen.

Anders als im Inferno bewegen sich die sich läuternden Seelen meistens in Gruppen, oft singen sie unisono Psalmen. Manches Gespräch setzt den Drang zur Typisierung nur fort. Einige sagen über sich nur gerade einmal das, was ihnen selbst zur Buße und den Lebenden zur Abschreckung dient. Besonders eindrucksvoll ist Papst Hadrian, den der Wanderer im 19. Gesang unter denen antrifft, die irdischen Gütern zu stark zugetan waren und sich nun mit der Nase auf dem Boden, Hände und Füße zusammengebunden, ihren sündigen Habitus abgewöhnen. Auch wenn sich die Seele als vormaliger Papst mit einer offiziellen lateinischen Floskel vorstellt, steht sein Porträt ganz im Schatten seiner späten Einsicht, lange nach dem Falschen gestrebt zu haben. Er hält den Wanderer eiligst davon ab, vor der Würde des Papsttums auf die Knie zu gehen. Rangunterschiede und Würden sind hinfällig geworden. Mit der Läuterung verschwindet auch das Individuelle und Differenzierende – ein Prozess, der dem Drücken der Reset-Taste am Computer vergleichbar ist. Denn die Seelen werden auf ihren Urzustand zurückgestellt. Deshalb sind aus dem Purgatorium sehr viel weniger Begegnungen in unser kollektives Gedächtnis eingegangen.

Den Abschluss des Terrassenumlaufs bildet eine weitere Reihe von *exempla* zum bösen Ende, das die jeweilige Verfehlung nimmt. Im Fall des Hochmuts sind es erst der Sturz der Giganten, die den Olymp stürmen wollten, danach der Fall Luzifers und schließlich der Wettstreit der tollkühnen Weberin Arachne, die von der Göttin Athene zur Strafe in eine Spinne verwandelt wurde. Dantes Umgang mit diesen Beispielen erinnert an die figurenreiche Ausgestaltung der Portale gotischer Kathedralen. Die *Komödie* setzt auf die Wirkung von Geschichten, in die sich der Betrachter hineinversetzt. Nur die Engel, die den Wanderern nach getaner Reinigung zuvorkommend den Weg zur höher gelegenen Terrasse weisen, sind Personifikationen von Tugenden, etwa der Keuschheit oder der Mäßigung. Sie geben dem Wanderer jedoch lediglich den letzten Schliff oder die Weihe. Die heilende Kraft geht allein von den kraftvoll inszenierten Episoden aus.

Der steile Aufstieg fällt dem Wanderer allmählich leichter, wenngleich das schiere Gewicht seines Körpers – auch ohne die Last der Sünden – ihm bis zuletzt keine großen Sprünge erlaubt. Kurz bevor er das irdische Paradies betritt, erklärt Vergil am Ende des 27. Gesangs seine Aufgabe als Führer für beendet. Sein

Zögling sei nun so weit wiederhergestellt, dass er sich getrost seinem *piacere*, seiner naturgegebenen Lust, überlassen dürfe. Der spezifisch christliche Läuterungsweg geht einher mit der Wiedereinsetzung der Ratio, namentlich jenes *liberum arbitrium*, also des freien Willens, den Gott den Menschen beigibt und der jeden für das eigene Fühlen, Handeln und Denken verantwortlich macht. Das ist ein Kerngedanke in Dantes Weltbild. Der Schatten Vergils schließt mit einem feierlichen Akt – es sind zugleich seine letzten Worte in der *Komödie*:

Per ch'io te sovra te corono e mitrio.

Darum krön ich dich zu deinem eignen Herren. (Purg. XXVII 142)

Wenn man die Verben beim Wort nimmt, setzt der heidnische Dichter dem Wanderer zuerst eine Krone auf, vermutlich weil er Herr über sich selbst, seine Triebe, geworden ist, dann eine Mitra, also die Kopfbedeckung von Bischöfen und Vertretern kirchlicher Gerichtsbarkeit. Was mit Letzterer gemeint ist, bleibt unklar. Bedeutet die Mitra, dass der Wanderer nun auch über andere zu Gericht sitzen darf?

An der Seite Vergils gelangt er jedenfalls bis an den Rand des irdischen Paradieses, aus dem Adam und Eva vertrieben wurden. Ernst Kantorowicz wagte dazu am Ende seines Buches *Die zwei Körper des Königs* die Deutung, dass sich in der *Komödie* der Mensch aus eigener Kraft – also durch Anwendung der Ratio, Selbstbeherrschung und tugendhaftes, nach Aristoteles gutes Leben – den Weg zurück in den Garten Eden zu erstreiten vermöge. Damit wäre Dantes Meisterwerk abermals ein faszinierender, aber eben stark in die Renaissance vorausweisender Zug untergeschoben.

Die Läuterung des Lyrikers

Von der Ankunft am Läuterungsberg an wird die Vergangenheit des Wanderers als Lyriker in die Mangel genommen. Wenn der strenge Wächter Cato dem eloquenten Vergil wegen dessen einschmeichelnder Rede unwirsch über den Mund fährt, ist das nur der Anfang. Nach Cato hätte ein kurzer Hinweis auf das

Geheiß von höchster Stelle genügt. Die Schule des *bello stilo*, auf die der Wanderer so stolz war, erscheint unter den Gesetzen des zweiten Jenseitsreichs als Zeitvergeudung. Im zweiten Gesang trifft Catos Rüge den Wanderer schon direkter. Denn er hatte den Musikerfreund Casella gebeten, einen *amoroso canto* zur allseitigen und mehr noch seiner eigenen Aufheiterung anzustimmen. Dieser wählte eine moralische Canzone Dantes, die im *Convivio* als Lob auf die Dame Philosophie ausgelegt worden war. Damit wird in der *Komödie* erstmals ein Werk des Autors zitiert. Worum es in der Canzone geht, wird nicht expliziert; offenbar konnte beim Leser wie bei den ähnlich knapp zitierten Psalmen die Kenntnis vorausgesetzt werden. Die klangliche Süße, die von den Versen ausgeht, ist durch den Gesang – der in der frühen italienischen Lyrik eigentlich nicht vorgesehen ist – noch gesteigert. Im Nu erliegen ihr alle Seelen; sogar Vergil lauscht ihr selbstvergessen. Aus dieser Versunkenheit wird die Schar indes von Cato aufgeschreckt, der ihnen grimmig die Leviten liest: Sträflich sei es, sich durch eitle Klänge vom eigentlichen Geschäft der Seelenheilung ablenken zu lassen. Damit gerät die säkulare Lyrik Dantes aus der Mitte der 1290er Jahre ins Zwielicht.

Über Catos Tadel darf nicht übersehen werden, dass der Dichter seinen Lesern in demselben Gesang noch einmal die ganze Verführungskraft seines Dichtens vorführt. Wie im Inferno ist der Selbstkritik des Lyrikers eine gewisse Ambiguität eigen. Der Dichter ringt in der *Komödie* unzweifelhaft mit einem Unbehagen an der Eitelkeit schönen Klangs, auf den er letztlich aber nicht verzichten will. Auf den ersten Blick könnte man meinen, es liege am Inhalt der Canzone. Gelobt wird darin die Schönheit einer Frau, die nicht Beatrice ist. Aber das kann eigentlich nicht den gebannt lauschenden Seelen zum Vorwurf gemacht werden. Worin liegt dann das Übel? Im berauschenden Klang? Bei seinem Aufstieg wird der Wanderer mehrfach den Klang himmlischer Hymnen genießen, ohne deren Worte zu verstehen; ihre Süße versetzt ihn in solche Ekstase, dass er daran vergeht (Purg. XXXII 63). In ihrem Fall ist der süße Klang unverdächtig, er ist Ausfluss göttlicher Liebe und leitet die Hörer sogar auf den rechten Weg zurück. Wäre die *dolcezza* von Dantes früher Lyrik somit ein unvollkommenes und deshalb anfälliges Echo dieser himmlischen Harmonien? Wie die Seele eines Neugeborenen, der die Liebe zu Gott beigegeben ist, auf Abwege geraten kann, so scheint der lyrische Klang seine Tücken zu haben. Insofern muss auch dieser am Läuterungsberg ‹gerichtet› werden.

Unmittelbar bevor der Wanderer zu denen gelangt, die zu stark nach Gütern und Auszeichnungen gierten, hat er im 19. Gesang einen Traum, der die sonst an dieser Stelle üblichen *exempla* ersetzt. Ihm erscheint eine einäugige, krumme und farblose, lallende Frau – die *femmina balba.* Je länger er sie anschaut, umso mehr belebt sie sich. Sie fängt an zu reden und wird schließlich zu einer Schönheit, deren Gesang niemand widersteht. Aus der hässlichen Alten wird durch den Blick des Betrachters eine Sirene, zu deren Verehrern unter anderem Odysseus zählt. Auch der Mann im Traum wäre ihrem süßen Klang verfallen, wenn nicht von oben eine Frau herbeigeeilt wäre und Vergil, den Vertreter der Ratio, zu Hilfe gerufen hätte. Der packt die Sirene und schneidet ihr das Kleid auf. Der Gestank, der aus ihren Gedärmen kommt, reißt den Wanderer aus dem Schlaf. Die Szene, die en miniature die Ausgangssituation und Rettung des Wanderers im Inferno in sich birgt, entfaltet plastisch die gefährliche Versuchung, die im Wohlklang, womöglich besonders der menschlichen Stimme, liegt. Obendrein verdeutlicht sie, dass das Opfer der Verführung im Grunde auch der Täter ist, denn es ist seine Begierde, die dem hinfälligen Weib Leben, Schönheit und Gesang einflößt.

Im Vergleich zu Hölle und Paradies trifft der Wanderer unter den sich schon läuternden Seelen auf erstaunlich viele Künstler. Auf je eigene Weise halten sie ihm einen Spiegel vor, in dem er seinen Ehrgeiz, seine Gedanken über Form und Aufgabe von Kunst neu wahrzunehmen lernt. Bei den Hochmütigen erkennt er im elften Gesang einen ihm bekannten Manuskriptilluminator, Oderisi da Gubbio. Von dem überschwänglichen Lob, das der Wanderer ihm zur Begrüßung spendet, will der nichts mehr wissen. Er übt sich in Demut und stellt sein eigenes früheres

Handwerk – Malerei wurde damals den mechanischen Künsten zugeordnet – weit unter das eines jüngeren Kollegen, Franco Bolognese. Dem nicht genug, er erteilt dem Wanderer eine Lektion in Sachen Eitelkeit irdischen Ruhms. Doch die übliche Schall-und-Rauch-Klage hat einen Haken. Oderisi führt nicht bloß Namen an, die einst berühmt waren und nun vergessen sind. In seiner Formulierung scheint das rasche Vergessen vom unaufhörlichen Fortschreiten der Künste überlagert zu sein. Die nachfolgende Generation überbietet hinsichtlich technischer Brillanz die vorherige. *Imitatio* und *Aemulatio* sind bis ins 18. Jahrhundert die Leitprinzipien allen künstlerischen Lernens und Arbeitens.

Die Beispiele, die Oderisi anführt, stammen aus der bildenden Kunst und Lyrik. Zuerst nennt er den vormals berühmten Maler Cimabue, der längst von Giotto übertrumpft sei – auf diese zwei Verse werden Giorgio Vasari und die kunsthistorische Betrachtung der Malerei des 13. Jahrhunderts in der italienischen Renaissance aufbauen. Danach heißt es zu den Lyrikern in der Volkssprache, der eine Guido – Dantes Freund Cavalcanti – habe den anderen Guido – Guinizelli – an den Rand gedrückt und beiden blühe wohl, wie der dritte Vers prophezeit, von einem Dritten dasselbe Schicksal. Und dieser Dritte, so hat man die Stelle immer gelesen, ist kein Guido, sondern höchstwahrscheinlich ein Dante. Gewiss, Oderisis Formulierungen laufen auf eine unaufhörliche Abfolge hinaus, diese hält jedoch jeweils beim Letzten oder dem erwarteten Dritten inne. Insofern flicht sich der Dichter auf einer Terrasse, die zum Einüben in Demut dienen soll, durchaus Kränze. Es sieht so aus, als werde die *Komödie* ihm die *gloria della lingua*, den Ruhm der Sprache, bescheren. Doppeldeutiger lässt sich die Eitelkeit allen irdischen Strebens und gerade auch der nun aufstrebenden Künstler kaum inszenieren.

Als der Wanderer wenig später auf der Terrasse des Neides aufgefordert wird, sich vorzustellen, beschränkt er sich auf eine lange Periphrase zu seiner geographischen Herkunft, in der er den Verlauf des Flusses Arno und all der anliegenden verbrecherischen Stadtbürgerschaften, darunter der florentinischen, nachzeichnet. Ansonsten bescheidet er die mit zugenähten Augen lauschenden Seelen mit dem Hinweis, sein Name sei noch kaum bekannt. Diese Bescheidenheit hat schon früh Leser irritiert. Wollte sich der Wanderer jetzt auf einmal in Bescheidenheit üben? Hatte er die Lektion auf der Terrasse des Hochmuts doch gelernt? Oder bezieht sich die Bemerkung lediglich auf die Lyrik, die er vor 1300 in Florenz komponierte?

Die doppelbödige Selbstkritik setzt sich in den folgenden Begegnungen mit volkssprachlichen Lyrikern fort. Unter den Verfressenen trifft der Wanderer auf seinen Florentiner Freund Forese Donati, mit dem der junge Dante ätzend böse Streitgedichte gewechselt hatte (Purg. XXIII–XXIV). Dort spricht ihn auch der ältere Bonagiunta da Lucca an, der in seinen Gedichten die jungen Florentiner Lyriker attackierte (Purg. XXIV). Später sieht er unter den Wollüstigen Guido Guinizelli, den Vater des *Dolce Stil Novo* (Purg. XXVI), der ihn auf den größeren Sprachmeister, den provenzalischen Troubadour Arnaut Daniel aufmerksam macht (Purg. XXVI). Ebenso wie Oderisi halten diese Lyriker ihre eigenen Werke inzwischen nur mehr für Ursache oder Folge des Übels, von dem sie sich auf dem Läuterungsberg mühsam kurieren. Bereitwillig zollen sie der größeren Meisterschaft ihrer Kollegen Tribut. Der Wanderer stimmt aufrichtig in diese auf den Terrassen übliche, an Selbsterniedrigung grenzende Bescheidenheit ein. Wenn seine frühe Lyrik eben dort von Bonagiunta da Lucca auf einmal hoch gerühmt wird, kann er nichts dafür. Erst im Jenseits vermochte der einstige Kritiker einzusehen, welcher Abgrund seine tollpatschigen Versuche von Dantes *Süßem Neuen Stil* trennte. Demütig erklärt ihm der Wanderer daraufhin, er habe nur aufgeschrieben, was Amor ihm soufflierte. Nicht die brillantere Beherrschung der Metrik, sondern eine göttliche Inspiration machte den Unterschied. Aber eben dadurch erweist sich nun schon der junge Lyriker als ein Erwählter. Auf der Terrasse der Wollüstigen ehren Guinizelli wie Arnaut Daniel in ihm dann nicht mehr den Dichterkollegen, sondern allein den Träger einer außergewöhnlichen Gnade Gottes.

Dantes Konfession vor Beatrice

Im irdischen Paradies entpuppen sich die zwei skizzierten Läuterungswege als bloße Vorbereitung auf die eigentliche Prüfung des Wanderers. In anderer Weise als in der Tragödie kommt es auch in der *Komödie* zu einem unerwarteten Wiedererkennen, einer Anagnorisis, auf die eine Peripetie folgt, in diesem Fall die Loslösung von allem Bösen und Schlechten. An dieser Stelle wird der Protagonist zum ersten und einzigen Mal bei seinem Vornamen *Dante* gerufen. Damit hebt Beatrices zornige Zurechtweisung an, als sie den Wanderer Tränen über das Verschwinden Vergils vergießen sieht, statt über die eigenen Verfehlungen zu weinen. Fast sarkastisch gibt sie sich ihm – noch verschleiert – als seine Beatrice zu erkennen. Öffentlich solle er jetzt seine Sünden bekennen. Ihr Ton ist so harsch, dass selbst die Engel um Beatrice herum Mitleid mit dem Gescholtenen haben und ein Wort für ihn einlegen. Beatrice will davon indes nichts wissen. Nach den im Himmel herrschenden Regeln trägt sie – wohl nicht ganz frei von Eifersucht – dafür Sorge, dass ihr Verehrer für das büßt, was er in den zehn Jahren nach ihrem Tod angerichtet hat.

Dantes Konfession spielt sich in einer Landschaft ab, die voller Reminiszenzen an die römische Bukolik und an die provenzalische Pastourelle steckt – einer leichteren Gedichtform, in der ein Ritter auf eine schöne Hirtin in der freien Natur trifft; unter anderem Cavalcanti brillierte darin. Der Wanderer, nun gefolgt von Vergil und Statius, irrt genussvoll in einem frühlingshaften Wald herum – das Gegenstück zum finsteren Wald des Anfangs. Jenseits eines Flusses wird er nach einer Weile eines lieblichen Blumenmädchens, Matelda, ansichtig, die ihn bis zu Beatrice geleiten wird. Die Landschaft, die nur die Jungfrau zu bewohnen scheint, ist eine Gratwanderung. Denn die von einer morgendlichen Brise erfrischte Natur voller Vogelgesang ist einzigartig fruchtbar, unschuldig und dabei höchst erotisch. Der Wanderer ebenso wie seine Begleiter tasten staunend mit ihren Blicken all die Lustbarkeiten ab, die eine unbeschwerte sexuelle Erfüllung versprechen. Die Natur indes, abgegrenzt von jenem Fluss namens Lethe, gehört der Welt vor dem Sündenfall an. Stimuliert von der reizenden Hirtin kommt es noch dem schreibenden Dichter arg an, dass er wie alle Menschen, nur weil Eva den Apfel aß, für immer um diese reine Wonne, die unschuldige natürliche Begehrlichkeit, gebracht ist.

Die Beichte findet keineswegs in einem vertraulichen à part statt, sondern mitten in einem Festzug, der das Heilsgeschehen sowie die Geschichte der Kirche in Form von Allegorien vergegenwärtigt. Erst schreiten die Personifikationen der 24 Bücher des Alten und Neuen Testaments einem Triumphwagen voraus, der von einem Greifen – Sinnbild der Doppelnatur Christi – gezogen wird. Ein Donnerschlag bringt den Zug zum Stehen. Die biblischen Personifikationen ersehnen daraufhin die Ankunft der Braut vom Libanon, einer Figur aus dem Hohen Lied, die im Mittelalter als Allegorie der Kirche galt. Hier ist es Beatrice, die verhüllt von einem Schleier und umgürtet mit einem Olivenzweig aus einer Wolke auf den Triumphwagen niederschwebt. Noch bevor der Wanderer sie sieht, spürt er in sich die alten Anzeichen seiner Liebe. Er meint schon, wieder von einem Übermaß an Glanz überwältigt zu werden. Beatrice indes ist nicht mehr nur jene schöne Florentinerin. In der *Komödie* ist ihre Nähe zu Christus, dem Gottessohn, voll entfaltet. Vor den Augen des Wanderers wird damit jener geheime Sinn seiner ersten Liebe evident, der sich ihm in der *Vita Nova* langsam erschlossen hatte, ohne dass er ihn auszudrücken vermocht hätte.

Den für ihn bittenden Engeln erläutert Beatrice ihre Anklagepunkte, so dass der Betroffene sie hören kann. Die Fehltritte ihres *Dante* wögen umso schwerer, als er von Anfang an zu Höherem bestimmt gewesen sei. Denn die physische Schönheit, die sie auf Erden annahm, war gleichsam nur das Zeichen, um ihn auf den Weg zum Wahren zu lenken. Statt ihr aber nach dem Tod nachzufolgen, habe er sich wie ein Kind von irdischen Dingen in die Irre führen lassen. Besonders die *pargoletta* (ein Mädchen aus Dantes späterer Lyrik) liegt Beatrice schwer im Magen. Erweichen lässt sich die erboste Anklägerin erst, als *Dante* nach langem Zagen und Würgen das Geständnis über die Lippen kommt: Er habe sich von den gegenwärtigen Dingen mit ihrer falschen Lust verlocken lassen: *Le presenti cose col falso lor piacer* (Purg. XXXI 34–35). Damit scheint zugleich alles verworfen, was nach der *Vita Nova* entstand.

Sobald er seinen gravierenden Irrtum gestanden hat, aus dem ihm nur noch die Jenseitsreise heraushelfen konnte, darf Matelda ihres Amtes walten und ihn in den Vergessen schenkenden Fluss tauchen. Danach darf er endlich die leuchtenden Augen der Beatrice betrachten, in denen sich bald die göttliche, bald die menschliche Natur des Greifen spiegelt. Anschließend entschleiert sie ihren Mund, so dass er, wie es heißt, den nunmehr zehnjährigen Durst nach ihrem Lächeln stillen kann. Die Nymphen um Beatrice – die für die sieben Tugenden stehen – mahnen ihn bald zur Mäßigung. Nach einer kurzen Ohnmacht findet der Wanderer Beatrice, die inzwischen vom Triumphwagen herabgestiegen ist, unter sieben Mägden wieder. Sie fordert ihn auf, sich alles, was sich gleich vor ihrer beider Augen abspielen wird, genau zu merken und aufzuschreiben, zum Besten der Welt, die in Sünde lebt: *in pro del mondo che mal vive* (Purg. XXXII 103). In einer Art allegorischem Welttheater werden daraufhin die verheerenden Auswirkungen der Konstantinischen Schenkung auf die Kirche aufgeführt. Auf dem Triumphwagen nistet sich die Hure von Babylon ein, Allegorie der sündig gewordenen, nach Irdischem gierenden Päpste, die zuletzt von einem Riesen, dem französischen König, in den dunklen Wald, nach Avignon, gezerrt wird. Am Ende des Spektakels wird der Wanderer in den Fluss Eunoë getaucht, der – so Dantes Erfindung – die Erinnerung an das Gute, das ein Mensch tat, kräftigt. Aus dem Liebeslyriker, der sich verirrte, wird ein Betrachter, der die vielfältigen allegorischen Zeichen zu begreifen sucht. Mit Beatrices Aufforderung wird er noch dazu zum Schreiber und Propheten im alttestamentarischen Sinne, der einer auf Abwege geratenen Menschheit den Weg zum Heil weisen soll. *Dantes* Konfession bringt in der *Komödie* den Umschlag vom individuellen Fall zur heilgeschichtlichen Bedeutung.

4. Der Wanderer in den Himmelssphären

Für den Wandernden wie für den Schreibenden liegt ein Abgrund zwischen der zweiten und dritten *cantica.* Fürsorglich wendet sich der Dichter gleich im zweiten Gesang an seine Leser. Viele täten gut daran, am Ufer zurückzubleiben und nicht weiterzulesen; nur wenige, im Grunde nur theologisch Geschulte, seien imstande, seinem, wie es heißt, singenden Schiff auf das nie befahrene Meer zu folgen. Mancher Leser der *Komödie* hat sich das nicht zweimal sagen lassen. Nach wie vor ist das Paradies verschrien als zutiefst doktrinärer Text, der für Normalsterbliche nicht genießbar sei. So sublim und abgehoben geht es im Paradies allerdings gar nicht zu. Christliche Doktrinen werden zwar ausführlich erläutert, aber all das geschieht nicht einfach aus Lust am Belehren oder Unterweisen. Vielfach ergibt es sich aus den Fragen, vor denen der Wanderer in den Himmelssphären geradezu birst. Teils sind es Fragen, die jeden Menschen beschäftigen, teils solche, die sich dem Wanderer während der Reise, gerade auch im Himmel, nahelegten durch das, was er sah, hörte und erlebte. Insofern werden im Paradies viele Fäden kunstvoll ineinandergewebt.

Sich dem Göttlichen nähern

Der Flug von Planet zu Planet bis hinauf zum Nicht-Ort des Empyreums verlangt dem Seh- und Hörsinn des Wanderers viel ab. Über die 33 Gesänge differenzieren, verfeinern und verstärken sich die Möglichkeiten seiner Sinne. Auf das, was mit ihm und in ihm vorgeht, münzt der Dichter das Wort *trasumanar*, über das Menschliche hinausgehen. Der Wanderer lässt sich auf ein riskantes Abenteuer im Zeichen des «trans» ein, mit dessen Nachbildung in Worten er schreibend ringt. Er wird nicht nur über das Menschliche, Menschen Mögliche hinausgehoben, er passt sich dabei dem Göttlichen immer weiter an oder dringt immer tiefer in es ein, ohne darüber anmaßend oder hochmütig werden zu dürfen. Die Annäherung ans Göttliche kommt einem Paradox gleich: ein Über-Sich-Hinausgehen *und* eine Versenkung ins Innere, ein Eintauchen in ein unendliches Element.

Bei seinem ersten Flug wundert sich der Wanderer darüber, dass seine neue Art der Fortbewegung allen Gesetzen der Schwerkraft spottet. Das betrifft zunächst einmal die Schnelligkeit, mit der er riesige Entfernungen zurücklegt, ohne es zu merken. Der Flug vollzieht sich jeweils nach demselben subtil variierten Schema. Der Blick des Wanderers ist fest auf die Führerin Beatrice geheftet, die wiederum nach oben zum Licht schaut. Über dieses offene Dreieck des Begehrens nach Gott wird der Wanderer in die nächsthöhere Sphäre gezogen. Die eingetretene Ortsveränderung erschließt sich ihm nur aufgrund der anderen Farbe oder Gestalt des Planeten, auf dem er landet, sowie über das beseligende Lächeln seiner Führerin, dessen Strahlen mit jeder Etappe zunimmt – ein Indiz für die gesteigerte Lichtempfänglichkeit der Augen des Wanderers. Hoch oben im Saturnhimmel nimmt sich Beatrice noch einmal zurück, damit ihr Zögling über ihrem Lächeln nicht zu Asche verbrenne. Erst das gleißende Licht des zur Mittagsstunde im Triumph herbeisteigenden Christus, den er mit anderen Seligen gebannt verfolgt, vermag seine Augen auf die neue Lichtintensität in Beatrices Gesicht einzustellen. Höhepunkt und abruptes Ende zugleich erreicht die immense Steigerung seines Sehsinns in der Vision Gottes.

Solange sich Beatrice und der Wanderer auf den ersten drei Planeten aufhalten, geht es darum, seine tiefsitzenden Vorurteile und falschen Schlüsse auszuräumen. Wie sei es möglich, dass ein schwerer Körper wie der seine – es bleibt unklar, in welcher Gestalt der Wanderer in den Himmel fährt, – nicht nur aufsteige, sondern es sogar rascher als materiell leichtere Gegenstände tue. Voll Freude klärt ihn Beatrice darüber auf, dass der natürliche Drang der Seele nach ihrem Schöpfer, sobald er wiederhergestellt sei, die Schwerkraft übertreffe. Auf dem Mond meint der Wanderer bei der ersten Begegnung mit Seligen einer Sinnestäuschung zum Opfer zu fallen. Er muss lernen, dass es Erscheinungsformen gibt, die weder Spiegelungen noch Projektionen sind, und wenig später, dass das, was er sieht, nicht da ist, wo es sich zeigt.

Vom zweiten Planeten Merkur an zeigen sich ihm die Seli-

Sandro Botticelli: Beatrice und Dante steigen die Jakobsleiter in die achte Sphäre hoch. Zeichnung

gen nur noch in einer Lichthülle. In immer neuen Varianten und Nuancen nimmt der Wanderer ihr Leuchten im eh schon lichterfüllten Kosmos wahr. Die Tänze und Gesänge der Lichter ebenso wie das Lächeln der Beatrice lassen ihn zwar von einem Glücksgefühl zum anderen an der Grenze zur Ohnmacht taumeln, aber das, was sich da über die neun Sphären hinweg entspinnt, ist ein eigenartiges kommunikatives Spielen über die Bande. Denn Beatrice und die Seligen wenden ihren Blick, wenn sie sich mit dem Wanderer unterhalten, vom göttlichen Licht nicht ab. Sie wissen genau, wen sie vor sich haben und, wichtiger noch, welche Zweifel und Fragen – in einem oft vorsprachlichen Zustand – ihn gerade umtreiben. All das lesen sie in einem Buch Gottes, in dem Vergangenheit, Gegenwart und Zukunft aufgezeichnet sind. So kommt es, dass Beatrice oder einzelne Selige das, was dem Wanderer auf der Zunge liegt, gleichsam als Zitat in ihre eigene Rede einbauen. Die Unterhaltung unter den Seligen verläuft übrigens ebenfalls über diesen ewigen Dritten, an dessen unergründlichem Ratschluss nicht einmal sie gänzlich teilhaben.

Gleichwohl bewahrt sich das Reden im Paradies seine ureigenste Bedeutung. Nach Dante unterscheidet es die Menschen von den Tieren und Engeln, die zur Kommunikation keine Sprache bräuchten. Wenn die Seligen mit dem Wanderer reden, dann kommen sie damit nicht nur seinen beschränkten Wahrnehmungsmöglichkeiten entgegen. Vielmehr wissen sie, wie wichtig es ist, das Gedachte und Empfundene in Worte zu bringen. Wenn der Wanderer im Fixsternhimmel unter seinem Sternbild der Zwillinge von Petrus, Jakob und Johannes über Glaube, Hoffnung und Liebe wie ein Baccalaureat geprüft wird, dann wissen die drei Apostel längst, wie beschlagen und fromm er ist. Beatrice springt ihm sogar einmal bei, um ihm die Peinlichkeit zu ersparen, sich selbst als besten Kämpfer der Kirche preisen zu müssen (Par. XXV 52–54). Zum Besten des Wanderers und des Lesers wohl, aber auch zu ihrer eigenen Freude lassen sie ihn seine Kenntnisse ausbreiten, argumentieren und die christliche Doktrin beweisen. Er muss das, was in ihm ist, externalisieren, damit die Aneignung christlicher Wahrheiten vollkommen ist. Seine Worte gewinnen darüber beinahe liturgischen Wert, wenn er dabei nicht sogar erfährt, was es heißt, mit Worten zu handeln.

Die Fragen des Wanderers

Manche der Fragen, die im Paradies gestellt werden, haben den Wanderer schon lange beschäftigt, etwa wie sich die dunklen Flecken auf dem Mond erklären oder das Verhältnis von Einheit und Vielheit zu bestimmen ist. Einen breiten Raum nehmen daneben Fragen zum christlichen Glauben ein, beispielsweise wer wann wie von Gott erschaffen wurde und wann genau der schönste Engel abfiel oder auch wie lange sich Adam im Garten Eden aufhielt, welche Sprache er sprach und wie viele Jahrhunderte seit seiner Vertreibung vergangen sind. Auf all das erhält der Wanderer im Himmel Aufschluss, nicht allein von Beatrice, sondern auch von anderen, darunter immerhin König Salomon und Adam höchstpersönlich. Das Paradies ist darum aber kein Ort definitiver Antworten. Bis zum Schluss hegt der Wanderer Zweifel und wird dafür gelobt. Dass Dogmen oder Glaubensinhalte nicht selbstredend sind, ist eine Grundeinsicht, die Dante mit der Scholastik teilt. Der Zweifel ist das zentrale Mittel, sich dem Wahren zu nähern und es immer klarer hervortreten zu lassen.

Unter all den Fragen sind es drei, die den Wanderer bedrängen und die zu beantworten Vergil außerstande war. Die erste betrifft sein eigenes Schicksal. Im Marshimmel, in dem sich die Kreuzritter in Gestalt eines Lichterkreuzes präsentieren, eilt ihm freudig flackernd ein Licht entgegen, das sich als sein Urahn Cacciaguida vorstellt. Mit Stolz erfüllt es den Wanderer zu hören, dass die Familie Alighieri auf einen vom Kaiser zum Ritter geschlagenen Mann zurückgeht, der im Kampf um das Grab Christi fiel; sie gehört folglich zum besten Florentiner Stadtadel. Danach werden ihm die beunruhigenden Prophezeiungen über sein Schicksal erhellt. Demnach schmiedete man in Florenz um 1300 schon Ränke gegen ihn. In der Verbannung werde er sich aus der fragwürdigen Gemeinschaft seiner damaligen Parteifreunde lösen, um fortan auf sich allein gestellt zu sein. Der Autor legt damit den Grund für seine Legende als einsam abgehobener Mann *super partes*.

Darüber hinaus erläutert ihm Cacciaguida den Auftrag, der sich mit der Jenseitsreise verbindet. Ähnlich wie Vergils Aeneas von Vater Anchises über seine Mission, Rom zu gründen, aufgeklärt wird, hört der Wanderer aus dem Mund seines Ahns seine Berufung zum Kämpfer für den wahren Glauben. Statt auf Schwerter setzt der Himmel um 1300 auf seine Feder. Auf Nachfrage ermahnt Cacciaguida ihn, nichts von den Begegnungen mit den Seligen zu verschweigen oder zu beschönigen, auch wenn er sich damit unter Zeitgenossen Feinde schaffe und sich selbst in noch größere Not bringe. Sein verdienter Lohn sei die Aussicht auf das, was der Kreuzritter Cacciaguida nicht mehr Ruhm, sondern vieldeutig sein künftiges Weiterleben nennt. Seinem Flackern ist die Freude anzumerken, einen Nachfahren zu haben, der Teil am göttlichen Heilsplan hat.

Im Fixsternhimmel werden ihn die Apostel Petrus und Johannes sowie Beatrice bitten, bei der Niederschrift bestimmte von der Kirche oder Predigern verbreitete Lehren – etwa die Himmelfahrt des Johannes – als Irrglauben richtigzustellen und auf die allein seligmachende Autorität der Bibel zu pochen. Wenn der Apostel Johannes ihn auffordert, der Christenheit die Freuden des Himmels farbig auszumalen, die ein Gott wohlgefälliger Lebenswandel als Lohn bereithalte, dann gewinnt die *Komödie* eine Autorität, die in etwa der der Bücher des Neuen Testaments gleichkommt. Während die Himmelsvision des Apostels Paulus die Christen in ihrem Glauben festigte, soll die *Komödie* die Hoffnung auf das Leben nach dem Tod stärken.

Die zweite Frage, die sich dem Wanderer wohl schon beim Höllentor gestellt hat, bezieht sich auf die göttliche Gerechtigkeit. Heute ist von der Inschrift auf dem Tor, die inhaltlich die Inskriptionen auf Kirchenportalen parodiert, die letzte Zeile berühmt. Sie ist längst zum geflügelten Wort in allen westlichen Sprachen geworden: *LASCIATE OGNI SPERANZA, VOI CH'ENTRATE* (Inf. III 9). Ihr geht eine weniger bekannte Selbstvorstellung des Tores voran, in der über drei Terzinen Herkunft, Aufgabe und Ort ausgebreitet werden. Auf den ersten Blick leuchtet es ein, dass das Tor zur Verdammnis aus einem Antrieb der Gerechtigkeit heraus geschaffen wurde. Nur wirkt die Brutalität eines Strafvollzugs verstörend, der temporäre Vergehen mit ewigen Martern ahndet. Noch mehr überrascht es, unter den Urhebern neben der göttlichen Macht und der Weisheit Christi den *primo amore* (die erste Liebe) anzutreffen. Damit ist hier der Heilige Geist gemeint, im letzten Gesang des Paradieses wird Gott indes selbst so genannt. Was aber konnte der Gott der Liebe und Versöhnung mit einer alttestamentarischen Strafjustiz gemein haben? Zudem ergab sich aus dem Zeitpunkt der Erschaffung des Tores, nämlich vor allen anderen nichtewigen Dingen, dass der Abfall von Gott, das Böse, bei der Schöpfung vorgesehen war. Und darin steckt wiederum das alte Rätsel, wie das Böse in eine von Gott geschaffene Welt kommen konnte. Der Gott der Liebe hatte es nicht wollen können, er konnte aber eigentlich auch nicht machtlos gegenüber seiner Schöpfung sein.

Diese grundsätzlichen Fragen präzisieren sich in der ein oder anderen Form im Laufe der Reise. Der Wanderer hadert insbesondere mit dem traurigen Schicksal, das die göttliche Gerechtigkeit den Heiden bereitet. Gelegentlich verwundert ihn aber auch bei Christen der ihnen zugewiesene Ort. Warum werden ausgemachte Sünder, Wiederholungstäter, nur weil sie in der allerletzten Sekunde eine Träne aufrichtiger Reue vergossen, ins Purgatorium zugelassen? Sowohl die unbarmherzige Rache als auch die manchmal irrwitzigen Gnadenakte erschweren es dem Wanderer, sich einen Reim auf eine solche göttliche Gerechtigkeit zu machen. Im Jupiterhimmel, in dem die Lichter gerechter Herrscher zuerst Buchstaben, dann Worte formen, bis sich zuletzt aus dem gotischen M ein kaiserlicher Adler herausformt, erhält er endlich Bescheid. Der liest dem Wanderer die Frage von den Lippen ab, was daran gerecht sei, wenn ein Mensch, der am Indus geboren wird, nie von Christus habe hören oder lesen können, aber ein moralisch vorbildliches Leben führte, in der Vorhölle lande. Die Antwort kommt direkt aus dem Mund des Symbols der Universalmonarchie.

Sie ist frustrierend. Der Mensch solle nicht erforschen, was er nicht begreifen könne. Ähnlich hatten sich vorher andere Selige, darunter Thomas von Aquin, und davor sogar Vergil geäußert. Wenig später indes, als der Adler zu einer langen Klage über die Herrscher ausholt, die sich zwar auf Christus beriefen, aber alles andere als gerecht regierten, scheint er dem Wanderer wieder recht zu geben. Am Tag des Jüngsten Gerichts nämlich würde eine Reihe gerechter Heiden, Äthiopier und Perser, auf ihre christlichen Pendants, deren Missetaten im entsiegelten Buch Gottes offengelegt sein werden, voller Verachtung herabschauen. Es ist, als verheddere sich der Adler in seiner Entrüstung über die Machenschaften der zeitgenössischen Herrscher in demselben Widerspruch, zu dem ihn der Wanderer befragt hatte.

Die Sonderbarkeiten sind damit nicht zu Ende. Dem Wanderer werden im Jupiterhimmel die fünf strahlendsten Lichter um das Auge des Adlers herum vorgestellt. Als er die Namen des römischen Kaisers Trajan und des Trojaners Ripheus hört, bricht es aus ihm heraus, was denn das sei: *Che cose son queste?* (Par. XX 82) Nach einer Legende hatte Papst Gregor den Kaiser mittels inbrünstiger Gebete zum Leben erweckt, um ihn zum Christentum zu bekehren und dann gen Himmel steigen zu lassen. Dem so gerechten Trojaner wiederum scheint sich Gott von sich aus offenbart zu haben. Göttliche Gerechtigkeit, gerade auch in ihren Gnadenakten, ist von menschlicher Vernunft nicht zu fassen. Die Erläuterungen des Adlers werden in der *Komödie* treu festgehalten; dem Wanderer wird bescheinigt, all das blind zu glauben. Die Entscheidung bleibt damit dem Leser überlassen, ob er sich an den gläubigen Wanderer oder an den kommentarlos berichtenden Dichter hält, der keinen Hehl aus seiner Verwunderung macht, wie unplausibel Gottes Gerechtigkeit vorgehen kann.

Was die dritte Frage angeht, wie lang Gott dem bösen Treiben auf Erden noch tatenlos zuschauen wolle, so geraten sogar die Seligen an ihre Grenzen. Ob es Cacciaguida ist, der sein geliebtes sittenstrenges Florenz verkommen sieht, die Apostel, die sich über den Verfall der Kirche und des Papsttums erregen, oder die Gründer von Orden, denen angesichts der Missachtung ihrer Regeln und Reformen die Haare zu Berge stehen, die Bewohner der obersten Himmel – die Kontemplativen ausgenommen – erbeben hörbar vor heiligem Zorn oder auch Frustration über so viel himmlische Geduld. Erleichtert vernimmt der Wanderer ihre Beteuerungen, dass Gott den üblen Zuständen ein Ende bereiten werde. Nur wissen sie selbst nicht wann und wie. Einzig der Glaube an die göttliche Vorsehung und an den höheren Sinn, der allem Geschehen zugrunde liegt, bewahrt sie davor zu verzagen. Das Ausmaß der Verstörung über eine historische Entwicklung, in der sich Rechtlosigkeit und Chaos, Schändlichkeiten im Kleinen wie im Großen fortwährend erweitern und steigern, ist in Dantes Paradies kolossal.

Klar benannt sind darin die Ursachen der Fehlentwicklung. Das von Gott gewollte Gleichgewicht zwischen den beiden Universalmächten des westlichen Mittelalters, zwischen Kaiser und Papst, sei aus den Fugen geraten. Statt sich um das Heil der Seelen zu kümmern, verfochten die Päpste politische Interessen. Da der Kaiserthron 1250 nach dem Tod Friedrichs II. in Italien vakant blieb, bot niemand dem schändlichen Treiben der Kirche Einhalt. Schlimmer noch, niemand vermochte die entfesselte Gier der Bürger zu zügeln. Von höchster Stelle erfährt der Wanderer als Wille Gottes, was Dante in seinem lateinischen Traktat *Monarchia* als Lösung des Problems propagiert, die klare Aufteilung der Aufgaben zwischen Papst und Kaiser. Ein, wie Dante meinte, jedem Begehren enthobener Universalmonarch sei allein imstande, für Recht und Ordnung zu sorgen. Das ist die – schon damals überholte – Universallösung für eine sich rasant wandelnde Welt, die sich um keine Tugenden, keine Werte mehr zu scheren und allein dem schnöden Mammon, dem persönlichen Profit zu huldigen schien. Während die Diagnose des Wandels scharfsichtig ist, erscheint die im Paradies vorgeschlagene Therapie, die tiefgreifenden Veränderungen des ausgehenden Mittelalters wieder zurückzudrehen, reaktionär.

Die Gottesvision

Nachdem der Wanderer unter Beatrices Anleitung seine Sehkraft für die äußerste Leuchtstufe in einem Lichtfluss gestärkt und sich dabei das Gerade auf einmal zum Kreis gerundet hat, ist er imstande, die Seligen in ihren weißen Stolen zu betrachten. Als er sich voll Glück wieder zu Beatrice umdreht, ist sie auf ihren Thron unter den Kontemplativen zurückgekehrt. Der altehrwürdige Bernhard von Clairvaux allein kann dem Wanderer noch behilflich sein. Von der Himmelsrose lenkt er dessen Blick hoch zu Maria und deren Sohn Christus. Eigens macht er ihn auf die Ähnlichkeit zwischen Mutter und Sohn aufmerksam.

Der letzte Gesang der *Komödie* setzt sich aus Bernhards elaboriertem Gebet und der Gottesschau zusammen. In seiner feierlichen Fürbitte, Maria möge die Gottesschau erwirken und die Sinne des Schauenden gesund erhalten, werden die raffinierten Paradoxien der Marienmystik entfaltet, die wiederum auf das für Menschen nicht weniger paradoxe göttliche Mysterium einstimmen. Angeredet wird Maria etwa als eine Jungfrau, die Mutter ist, als Tochter ihres eigenen Sohnes. Was danach in der Gottesschau kunstvoll entrollt wird, ist ein atemberaubender Wechsel zwischen dem, was der Wanderer nach und nach sieht und empfindet, und den Versagensängsten des Dichters, dessen Gedächtnis und Kunst hoffnungslos überfordert sind.

Geschildert wird, wie sich seine Augen allmählich auf das

Licht einlassen, bis sie darin Konturen ahnen. Nur diesem Nacheinander des durch Sehnsucht hellsichtig gewordenen Wahrnehmens ist es geschuldet, wenn sich der ewige, unveränderliche und bewegungslose Punkt auseinanderzufalten und zu bewegen beginnt. Zunächst erkennt der Wanderer in ihm das Buch, in dem das ganze Universum voll Liebe zusammengebunden sei, während es im Diesseits in lauter Blätter zerfleddere. Danach entdeckt er drei Kreise unterschiedlicher Farbe, die sich ineinander spiegeln und miteinander fest vereint sind – das Symbol der Trinität. Zuletzt fixiert er den zweiten Kreis, bis sich darin schimmernd in gleicher Farbe ein menschliches Antlitz abhebt: *nostra effige* (Par. XXXIII 131). Bei dem Versuch, das menschliche Antlitz in ein Verhältnis zum göttlichen Kreis zu bringen, scheitert der Wanderer. Das unlösbare Rätsel, zum einen die Inkarnation Gottes in Christus, zum anderen allgemein das Verhältnis von Menschlichem zum Göttlichen oder auch das Phänomen des Göttlichen im Menschen, löst sich dem Schauenden zwar in einer blitzartigen Erleuchtung auf, doch bleibt die leider vorsprachlich. Am äußersten Punkt der Jenseitsreise ist die Angleichung des Menschen an Gott zum Greifen nahe, aber eben auch fern jeder geistigen und bildlichen Fassungskraft. Anstelle des Erwachens fühlt der Wanderer sein Wollen in das ewige Kreisen der Himmelskörper aufgenommen und sich selbst aus der Versenkung herausgezogen.

5. Die Niederschrift der Jenseitsreise

Auch wenn nirgends in der *Komödie* ein Zweifel an den herausragenden dichterischen Fähigkeiten aufkommt, das Vorhaben selbst verlangt dem Dichter herkuleische Anstrengungen ab. Immer wieder macht er sich und seinem Leser klar, worin an einzelnen Stellen der drei Jenseitsreiche jeweils die Schwierigkeit des Darstellens liegt. Das Erlebte kann aufgrund seiner Außergewöhnlichkeit oder aufgrund der Emotionen, die es im damaligen und späteren Betrachter auslöst, entweder die Möglichkeiten der Sprache oder den einem Gesang gesetzten Umfang übersteigen oder das geistige Fassungsvermögen, das Gedächtnis überfordern. Der Schreibende vermittelt seinen Lesern eindringlich, dass sein Werk am Rande des Unsagbaren entlanggleitet.

Über die Orte, an denen er schreibt, verrät die *Komödie* wenig. Stark markiert ist hingegen die Kluft zwischen dem Hier, in dem sich der Dichter und seine Leser aufhalten, und dem Dort, in dem sich die Handlung abspielt. Auch die Rede der Bewohner des Jenseits ist mit Wendungen wie ‹bei euch› und ‹bei uns› durchsetzt. Wie und wann der Dichter zur Feder griff, bleibt unbestimmt. Über die Verhältnisse, in denen er lebt, erfährt der Leser erst im Paradies mehr. Während es vorher eher um Probleme der Darstellung ging, lässt der Schreibende nun einfließen, dass er sich nicht nur nicht in Florenz aufhält, sondern schmerzlich von der schwankenden Gunst einzelner Herrscher abhängig sei. Außerdem scheint er einige Zeit mit Bußen zu verbringen, um sich nicht durch neue Fehltritte oder Sünden die Rückkehr ins Paradies zu verscherzen. Die in der *Komödie* so sichere Aussicht auf einen Platz im Himmel wird im Laufe des Schreibens augenscheinlich wieder fraglich. Obendrein ließ Dante die harte Arbeit an dem Werk abmagern. Nur der an ihn ergangene Auftrag zur Niederschrift verleiht ihm die Kraft durchzuhalten. Im Paradies erfährt der Leser überdies von den durchaus irdischen Hoffnungen, die der Schreibende an die Fertigstellung der *Komödie* zu knüpfen beginnt: *Se mai continga che 'l poema sacro*, *wenn es dem heiligen Liede je gelänge* (Par. XXV 1), nämlich seine ehrenvolle Rückholung in die Heimatstadt, die sich angesichts so viel künstlerischer Meisterschaft geschlagen geben muss, und seine Ehrung im Baptisterium zu erwirken.

Die Anrufung der Musen

Wenngleich es sich bei der *Komödie* um ein zutiefst christliches Werk handelt, hindert das den Schreibenden nicht, die antike Tradition der Musenanrufung aufzugreifen und sie entweder alle neun zusammen oder Einzelne namentlich am Anfang und gegen Ende der drei *cantiche* für das Gelingen seiner Aufzeichnungen um Beistand zu bitten. Im zweiten Gesang des Infernos verflicht sich die allgemeine Anrufung der Musen, ihm bei der

Abfassung zu helfen, mit einem Appell an sein *ingenium* und an das Gedächtnis, in dem alles, was er sah und hörte, eingraviert sei. Die neun Töchter der Mnemosyne, der Göttin der Erinnerung, stehen traditionell für ein säkulares Kunstverständnis, in dem es um Talent oder Ingeniosität sowie im alten Sinne um *ars*, also Handwerk, geht. Das Gedächtnis selbst – Dante wird ein Elefantengedächtnis nachgesagt – gilt in diesen Jahrhunderten als zuverlässig, aber das, was darin abgespeichert werden sollte, konnte es wie bei dieser Jenseitsreise in sich haben.

Im Purgatorium wird den Musen erst das Adjektiv *sante* (heilig) (Purg. I 8) hinzugefügt. Später heißen sie vieldeutiger *sacrosante Vergini, allerheiligste Jungfrauen* (Purg. XXIX 37). Zu Beginn des Purgatoriums ruft der Dichter ihnen seine Vertrautheit, seine lange Dienerschaft in Erinnerung; danach wendet er sich eigens an Kalliope, die Muse für epische Dichtung, Rhetorik und Philosophie, die mit ihrem Gesang über die schönen Stimmen der eingebildeten Töchter des Königs Pieros triumphierte. Denn diesmal steht bei der Niederschrift des Erlebten mehr auf dem Spiel. Die Musen sollen helfen, die tote Poesie neu- oder wiedererstehen zu lassen: *qui la morta poesì resurga* (Purg. I 7). Gleichzeitig mit dem Aufstieg aus der Hölle zum Läuterungsberg bemüht sich der Schreibende, sich von den harten und herben Reimen, den *rime aspre* (Inf. XXXII 1), zu reinigen, in denen er die Verdammten beschreiben musste. Zusätzlich versichert er sich ihres Beistands, weil er mit dem Purgatorium im doppelten Sinne Neuland betritt. Die antike Epik kennt Gefilde nicht, in denen äußerste Qualen mit der freudigen Hoffnung auf Erlösung einhergehen; der religiösen Dichtung des Mittelalters wiederum ist das epische Erzählen eher fremd. Überdies könnte sich in der Weise, wie die Bitte an die Musen formuliert ist, ein sehr viel grundsätzlicherer Ehrgeiz ankündigen, nämlich der, die im Mittelalter untergegangene antike Dichtung wiederzuerwecken und den großen römischen Meistern die Hand zu reichen.

Mit einer erstaunlichen Selbstverständlichkeit kehren noch im Paradies weitere Musenanrufungen wieder. Nachdem jener Teil des Universums evoziert ist, der am stärksten vom Licht

Gottes erfüllt ist, verspricht der Dichter im ersten Gesang, all das hinzuschreiben, was er davon in sich bewahren konnte. Anschließend spricht er – für christliche Ohren überraschend – den Gott Apollon an, der den neun Musen vorsteht. Angesichts der stark gestiegenen Anforderungen sucht der Dichter die Unterstützung des gesamten griechischen Parnass (Par. I 13–36). In ungeheuer ausdrucksstarken, ja gewaltsamen Bildern fleht er den Gott an, er möge seine ganze poetische Kraft in ihn wie in ein Gefäß hineingießen, damit er, der Dichter der *Komödie*, sich mit diesem letzten Teil den ersehnten Lorbeer verdiene und obendrein einer Schar von jüngeren talentierten Dichtern, die wie er wieder des Dichterkranzes würdig seien, den Weg bahne. Zudem bittet er ihn, diese göttliche Kraft in seiner Brust genauso wirken zu lassen wie einst, als Apollon selbst den Flöte spielenden Satyr Marsyas mit der Lyra besiegte und zur Strafe enthäutete oder, wie es hier heißt, dessen Glieder aus der Haut herauszog. In dem gruseligen Bild spiegelt sich nicht nur die unerhörte Anstrengung, die ihm die Niederschrift der Himmelsreise abnötigt, sondern auch eine für die *Komödie* bezeichnende Crux. Denn die Panflöte des Marsyas, die die Backen grotesk anschwellen lässt, könnte auf die als ordinär verurteilte Vulgärsprache anspielen, der der Dichter gewissermaßen Gewalt antun muss, um die höchste Materie des Himmels in Verse fassen und der lateinischen Epik das Wasser reichen zu können. Es ist das Paradox, ein *heiliges Gedicht* in einer höchst vergänglichen Volkssprache schreiben, das Unendliche ins Endliche bringen zu wollen.

Im Paradies flicht der Dichter noch eine zweite indirekte Musenanrufung ein, die sich an Polyhymnia, die Muse der Hymnen, und ihre Schwestern richtet. Allerdings dient ihm die lediglich dazu, das Scheitern jeder Kunstanstrengung zu verdeutlichen. Die Dichtung, so heißt es, muss angesichts des heiligen Lächelns der Beatrice einen Sprung machen, sprich die Beschreibung auslassen (Par. XXIII 55–63). Bei der Gottesschau schließlich kann dem Schreibenden nur noch das höchste göttliche Licht selbst beispringen. Damit sind die antiken Musen endgültig durch die längst angelegte Orientierung des Dichters an der Tradition der

Psalmen und Gotteshymnen in der Nachfolge Davids und Salomons, also an einer vom jüdisch-christlichen Gott inspirierten Dichtung, beiseitegedrängt.

«Dichter der irdischen Welt»

Die *Komödie* will mehr sein als ein möglichst genauer Bericht über die dramatische und prägende Woche im Leben eines Menschen, der aus dem Jenseits heimkehrte. Sie will das Außerordentliche, Überirdische so vermitteln, dass es die Leser hautnah miterleben und begreifen können. Die Lektüre selbst soll darüber zu einem Nachvollziehen, einem meditativen Akt in den Fußstapfen des Wanderers werden. Um dafür die Voraussetzungen zu schaffen, löscht sich der Schreibende keineswegs aus. Er tritt immer wieder als Vermittler zwischen Diesseits und Jenseits auf, der auf seine Kunst des Übersetzens hinweist.

Um den Leser in die Jenseitsreise einzubeziehen, macht sich der Dichter vor allem zwei Verfahren zunutze. Das eine besteht in direkten Leseransprachen, die es in so ausgeprägter Form vor 1300 nicht gegeben hat. Leseranreden kamen zwar schon in der antiken Epik vor, doch war es ihnen meist um die Aufmerksamkeit oder das Wohlwollen des Lesers zu tun. In der christlichen Tradition, vornehmlich bei Augustinus, nehmen die Anreden forderndere Züge an; sie ermahnen und belehren. Der Dichter der *Komödie* hält es nicht für nötig, das Wohlwollen seiner Leser zu gewinnen. Im Gegenteil, zu Beginn des Paradieses stößt er einen großen Teil von ihnen regelrecht vor den Kopf. Ihm liegt weit mehr an einem dramatischen und durchaus persönlichen Dialog. Gelegentlich fordert er sie sogar auf, sich in ihn, den Wanderer, hineinzuversetzen: sei es emotional, wenn er sich fürchtet, sei es geistig, wenn er im Paradies die komplexen astronomischen Bewegungsabläufe der Planeten beschreibt und den Leser bei deren Betrachtung zurücklässt.

Die persönlichen Ansprachen wirken noch auf uns. Die *Komödie* wandte sich nicht nur an Gelehrte, die des Latein mächtig waren, nicht nur an den relativ homogenen Kreis an Höfen, für den die provenzalische Lyrik und anfangs auch die höfischen Romane bestimmt waren. Die *Komödie* wendet sich an die ganze Christenheit, im Grunde Menschheit, die sich aus ganz verschiedenen Schichten mit unterschiedlichen Voraussetzungen zusammensetzte. Sie alle sucht der Dichter in den Bann der Jenseitsreise zu ziehen und ihnen dadurch – buchstäblich – das Himmelreich zu eröffnen. Der Leser kann ihm dabei auf verschiedene Weise folgen. Er kann sich ganz auf die mitreißenden dramatischen Abenteuer konzentrieren. Je nach Gusto kann er auch in die Schichten mehr oder minder verborgener Bedeutungen eindringen, auf die er mehrfach eigens aufmerksam gemacht wird. Zu jedem seiner Leser baut der Dichter eine Beziehung auf. Mal teilt er mit ihnen die Gaben des Jenseits brüderlich, mal macht er ihnen ernsthaft oder spöttisch klar, in welche Abhängigkeit sie sich begeben hätten, wie es ihnen erginge, wenn er nicht weitererzählte.

Das zweite Verfahren besteht darin, die so andere, mit dem Diesseits unvereinbare Welt des Jenseits mittels Vergleichen aus der vertrauten irdischen Welt den Lesern näher zu rücken. Es sind diese Vergleiche – *similitudini* –, die die *Komödie* so anschaulich und ‹irdisch› machen und die mit ihrer Vielfalt zugleich einen Einblick in die Spannbreite der Kenntnisse, Interessen und Beobachtungen des Dichters gewähren. In der mittelalterlichen Rhetorik riet man übrigens von ihnen ab. Ebenso wie der Schreibende nicht müde wird zu beteuern, dass alles so war, wie er es beschreibt, lässt er nicht ab, seine Erzählungen mit lauter Bildern zu durchsetzen, die das Außerirdische in ein Verhältnis zum Irdischen setzen oder zumindest darüber zugänglich machen. Mal sind es kurze Andeutungen, mal ziehen sich die Vergleiche über mehrere Verse, wenn nicht sogar Terzinen hin. Erst im Paradies, vom Planeten Jupiter an, muss sich der Dichter immer häufiger geschlagen geben, weil das, was er wahrnimmt, mit nichts zu vergleichen ist. Und welcher Punkt da erreicht gewesen sein muss, kann sich jeder vorstellen.

Wenn sich der Wanderer im Purgatorium nicht traut, Vergil eine Frage zu stellen, die ihm auf der Zunge liegt, wird sein Zustand mit Storchenkindern verglichen, die ihre Flügel schon schlagen, aber zuletzt nicht wagen, ihr Nest zu verlassen (Purg. XXV 10–15). Wenn der Wanderer im Inferno zu der von

Flämmchen durchzogenen Grube der betrügerischen Ratgeber gelangt, wird der Anblick verglichen mit dem eines Tals, in dem – wie ein von der Arbeit ermüdeter Bauer an einem Sommerabend von einer Anhöhe aus beobachtet – die Glühwürmchen über den geernteten Feldern herumschwirren (Inf. XXVI 25–33). Und als Leser meint man tatsächlich, die abendliche Schwüle zu fühlen und das geheimnisvolle Lichterspiel zu sehen. Die Vergleiche stammen nicht nur aus der Natur- und Tierwelt, sondern auch aus dem Handwerk. Die zwei Lichterkreise im Paradies, die sich ineinander drehen, werden etwa mit dem Räderwerk einer mechanischen Uhr verglichen (Par. X 139–144).

Viele dieser mehr als 600 Vergleiche sind so präzise, dass Leser der *Komödie* vermuteten, der Autor müsse all das mit eigenen Augen gesehen haben. Selbst wenn der Dichter im Purgatorium und im Paradies mehrfach sagt, wie gerne er dortgeblieben wäre, sein Meisterwerk wurzelt tief in der von Gott geschaffenen und von Menschen im Handwerk, in den *artes* weiterentwickelten Natur. Sie geht weit über die liebevoll schlichte Anbetung aller Geschöpfe Gottes hinaus, mit der Franz von Assisi in seinem Sonnengesang nicht einmal 100 Jahre zuvor den Bann der Verachtung lockerte, der im christlichen Mittelalter auf allem Irdischen lag. Sie ist von der ungeheuren Liebe zu allen – auch physischen – Aspekten menschlichen Lebens durchdrungen und verkörpert anschaulich jene in der Renaissance weiter ausgesponnene Analogie zwischen Mikro- und Makrokosmos.

Das Problem: Dichtung eine schöne Lüge?

In dem Maße, in dem sich die *Komödie* als *poema sacro* definiert, wird der Generalverdacht der Lüge, der von jeher auf Dichtung lastete, zum Problem. In der Scholastik, bei Thomas von Aquin, hatte er sich noch verstärkt, da die Dichtung innerhalb der Hierarchie der Wissenschaften, worunter damals die sieben freien Künste, Philosophie und Theologie fielen, auf dem untersten Rang landete. Sie war am weitesten von der Wahrheit entfernt. Ihr wurde keineswegs Bosheit oder Häresie unterstellt. Der Abstand zur Wahrheit rührte vielmehr daher, dass sie unwahrscheinliche Geschichten, Fiktionen erzählte und ihr, besonders in der Lyrik, ein freierer und, das heißt, uneigentlicher oder metaphorischer Umgang mit Worten erlaubt war. Der Einwand, auch die Heilige Schrift stecke voller Metaphern, wurde damals zurückgewiesen mit dem Hinweis, die Botschaft Gottes sei den Menschen, die nur sinnlich wahrzunehmen vermöchten, anders nicht zu vermitteln. In der *Komödie* galt es also, dem uralten Vorurteil gegenüber Dichtung entgegenzutreten. Die in der Tat phantastisch wirkende Reise durchs Jenseits durfte nicht als dichterische Erfindung abgetan und ihr Schöpfer der Lüge bezichtigt werden.

Erstmals stellt sich das Problem in der Hölle am Ende des 16. Gesangs. Dort sieht der Wanderer seinen Führer merkwürdige Vorbereitungen treffen, damit sie beide in die viel tiefer liegenden Gruben des Betrugs gelangen können. An dieser Stelle wendet sich der Schreibende erstmals an seinen Leser. Er wisse genau, wozu Rhetorik und die Dichtungslehre des Horaz raten, nämlich all das auszulassen, was unwahrscheinlich und unglaubhaft sei. Da er aber aufrichtig und treu von seiner Reise erzählen wolle und müsse, bleibe ihm keine Wahl. Er ist verpflichtet, das Gesehene, die seltsame Gestalt des Höllentiers Geryon wiederzugeben oder, wie er sagt, das Wahre, das das Gesicht der Lüge trägt. Geryon setzt sich aus drei Teilen zusammen, einem behaarten Tierleib, der seinerseits in einen Schlangenschwanz ausläuft, und dem Gesicht eines gerechten Mannes. Er ist das Symbol des Betrugs. Um vor dem Leser die Wahrhaftigkeit seiner Aussage zu beteuern, wirft der Schreibende nun das Teuerste, das er hat, in die Waagschale. Und das ist nicht sein Seelenheil oder sein Platz im Himmel, auch nicht die Rückkehr nach Florenz, sondern die *Komödie* selbst sowie die *grazia* ihrer Verse. In *grazia* schwingt die göttliche Gnade mit, der allein sich das Gelingen des Werkes verdankt, aber auch die Gunst, die das Werk bei den Lesern finden möchte, und schließlich die Anmut, das Wohlgefallen dichterischer Reimkunst an sich. Der Wohlklang und Erfolg der eigenen Dichtkunst wird gegenüber dem Leser als Pfand eingesetzt, um sich und die *Komödie* vom Verdacht der Lüge reinzuwaschen.

Seit der *Vita Nova* hat Dante Wert darauf gelegt, dass ein

Dichter jederzeit über seine Verwendung der rhetorischen Figuren – in dem Jugendwerk war es die *personificatio* Amors – Rechenschaft ablegen könne. Er müsse Herr der dichterischen Utensilien sein. Innerhalb der *Komödie* geht der Dichter einen Schritt weiter, indem er ausdrücklich vor der Gefahr warnt, der irdische süße Klang könne sich verselbständigen und die Hörer vom eigentlichen Weg abbringen. Solange aber die himmlische Sphärenmusik, die vom menschlichen Ohr nur partiell wahrzunehmen ist, weder mit Klängen noch mit Worten auf Erden zu vermitteln ist, muss der Schreibende mit den Reizen sinnlichen Wohlklangs Vorlieb nehmen und dessen verführerisches Potential zu bändigen suchen. Der Akt der Niederschrift der *Komödie* ist daher begleitet von einer steten Reflexion auf die eigenen künstlerischen Mittel und deren Verführungskraft, auf die Gratwanderung eines Poems, das das Ganze der geschaffenen Welt abbildet, zu dem die Abwege dazugehören, und für sich die Reinheit einer von Gott inspirierten Dichtung in Anspruch nimmt. Eine Quadratur des Kreises!

Der Dichter wollte zudem verhindern, dass seine Jenseitsreise lediglich als schöne Fassade abgetan wird, hinter der sich eine höhere Wahrheit verbirgt. Seit dem frühen Mittelalter setzten Christen, die in der Tradition lateinischer Rhetorik groß geworden waren, ihren Ehrgeiz darein, hinter den heidnischen und oftmals auch schlüpfrigen Geschichten antiker Epen und Gedichte eine christliche Botschaft aufzuspüren. Darüber sank die Handlung, also der buchstäbliche Sinn, zu einer Camouflage ab, die notwendig geworden war, um den kostbaren wahren Gehalt vor nicht initiierten Eindringlingen abzuschirmen. Dante hingegen will die römischen Epen, etwa Vergils *Aeneis*, nicht auf die allegorische Lesart reduziert wissen; er hält an ihrer historischen Bedeutung fest. Seine eigene Jenseitsreise will er ebenfalls nicht nur allegorisch verstanden wissen. Deshalb liegt ihm so viel daran, die Welt göttlicher Justiz mit dem eigenen Leib durchlaufen und mit den eigenen Augen betrachtet zu haben. Er wünscht sich – und erläutert das in einem Brief an Cangrande –, dass seine *Komödie* genauso wie die Bibel nach den Regeln des vierfachen Schriftsinns gelesen wird. Zuallererst buchstäblich oder historisch, und danach allegorisch, nämlich als Anleitung zum guten Handeln, als Belehrung über christliche Doktrin und schließlich als Auskunft über die Letzten Dinge. Schon die ersten Kommentatoren erfüllten ihm diesen Wunsch nicht, wohl auch um sein nicht immer orthodoxes Meisterwerk vor Angriffen der Kirche zu schützen. Der amerikanische Philologe Charles Singleton hat das Paradox 1957 auf die griffige Formel gebracht: «The *fiction* of the Comedy is that it is *not fiction.*»

Dante maßt damit erstmals sich und seinem vulgärsprachlichen Werk eine *auctoritas* an, wie sie damals nur der Bibel oder antiken Autoren zukam. Er inszeniert sich als eine Art Prophet oder gleichsam als fünfter Evangelist, der Auskunft über das Leben nach dem Tod gibt. Im zehnten Gesang des Paradieses bezeichnet er sich bescheiden und stolz zugleich als Schreiber; er wendet auf sich den raren Latinismus *scriba* an. Er ist der Sekretär eines Stoffes, an dem Himmel und Erde gleichermaßen gewebt haben. Die *Komödie* lässt keinen Zweifel daran, dass ihm diese Ehre vornehmlich, wenn nicht sogar einzig, wegen seines außerordentlichen Talents, wegen seiner rhetorischen und poetischen Meisterschaft zukam. Es scheint fast so, als habe sich die göttliche Vorsehung nach 1300 davon überzeugt, dass dieser Christen- oder Menschheit, besonders im Kernland Italien, nur noch mit den verführerischen Klängen und der rhetorischen Bravour eines begnadeten Dichters beizukommen ist.

IV. Zur Rezeption der *Komödie*

In Auszügen muss die *Komödie* schon vor Dantes Tod zirkuliert sein. Womöglich las der Dichter aus dem entstehenden Werk an den Höfen vor, an denen er sich gerade aufhielt. Vielleicht ist sogar manches freundliche Wort über Herrschergeschlechter in Italien einer Freundlichkeit gegenüber seinen jeweiligen Gastgebern geschuldet. Verse aus dem Inferno – eine Invektive gegen die Korruption der Päpste – sind in einem Bologneser *Memoriale* aus dem Jahr 1321 notiert; in diesen offiziellen Büchern wurden seit 1265 alle in der Stadt abgeschlossenen Verträge festgehalten. Unter den Notaren hatte es sich bald eingebürgert, volkssprachliche Gedichte und nun eben auch Auszüge aus der *Komödie* darin einzutragen. Um 1320 müssen Inferno wie Purgatorium einem Meister der Rhetorik in Bologna bekannt gewesen sein, der sich Giovanni del Virgilio nannte. In einer lateinischen Epistel fordert er Dante jedenfalls auf, sein großartiges Talent nicht auf eine abstruse Jenseitsreise, noch dazu in der Volkssprache, zu verschwenden. 1321 würdigt der Florentiner Parteigänger der Neri, Giovanni Villani, den verstorbenen Dichter in seiner Chronik als einen bekannten Sohn der Stadt.

1. Die frühen Leser und Kommentatoren

Die rund 300 heute erhaltenen Handschriften der *Komödie* aus dem 14. Jahrhundert zeugen von ihrer hohen Verbreitung in Italien. In der ersten Jahrhunderthälfte wird sie zumeist vollständig, nur selten eine der drei *cantiche*, auf kostbarem, für haltbarer erachtetem Pergament und in großen Formaten abgeschrieben, zu deren Lektüre ein Pult erforderlich war. Sowohl von der Zahl als auch von der luxuriösen Ausstattung her – schon in den 1330er Jahren wird sie mit Miniaturen versehen – steht die *Komödie* nur der Bibel nach. Um die Mitte des 14. Jahrhunderts wurden in Florenz von einer Werkstatt 100 Handschriften der *Komödie* beinahe fabrikmäßig hergestellt, von denen 40 auf uns gekommen sind. Eine Auflage von 100 entspricht heute ungefähr der von einer Million.

Ein indirektes Indiz für den Enthusiasmus, den Dantes Jenseitsreise gerade auch in seiner Heimatstadt entfachte, ist ein Verbot aus dem Jahr 1334, das jungen Dominikanermönchen das Lesen der *Komödie* und älteren deren Verwendung in Predigten außerhalb der Klostermauern untersagte. Der Papst in Avignon hielt es dagegen entweder nicht für nötig oder nicht für opportun, sie auf den Index zu setzen. Anders verfuhr er mit dem Traktat *Monarchia*, das verboten und öffentlich verbrannt wurde. Aufschlussreich für die frühe intensive Rezeption in Florenz ist zudem, dass schon Nardo di Cione 1351–57 die Hölle in seinem Jüngsten Gericht in der Strozzi-Kapelle von Santa Maria Novella nach Vorgabe der *Komödie* malte.

Vor allem aber sind es die Kommentare, die von der großen Beliebtheit und zugleich von dem schon damals bestehenden Bedürfnis nach Erläuterung zeugen. Kurz nach Dantes Tod verfasste Jacopo Alighieri in der Volkssprache die ersten Glossen zu einem großen Teil des Infernos, die er in Ravenna dem Gönner des Vaters, Guido da Polenta, überreichte. 1340 legte der Bruder Pietro, der als Jurist in Verona arbeitete, die erste Version seines *Commentarium* auf Latein vor. Zugleich machte man sich in Bologna in den 1320er Jahren, in Florenz und Pisa in den 1330er Jahren daran, meistens auf Latein umfangreiche exegetische Apparate zu erstellen. Trotz aller Unterschiede in den Auslegungen ist den Kommentaren gemein, die *Komödie* als großartige entweder theologische oder moralische Allegorie zu verstehen. In mittelalterlicher Tradition schien das Werk demnach die allmähliche Zähmung einer begehrlichen Seele (*Dante*) durch die rationale Seele (Vergil) zu inszenieren, der die Theologie (Beatrice) zu Hilfe eilt.

Eine zweite Welle von Kommentaren entstand nach 1350. Federführend ist Giovanni Boccaccio, der sich früh für das Werk Dantes begeisterte. Er fertigte drei uns überlieferte Abschriften der *Komödie* an; eine davon schenkte er dem Freund Petrarca, der von sich behauptete, Dante nie gelesen zu haben. Boccaccios Abschriften geht eine ernsthafte editorische Arbeit voraus. Da schon ihm kein Original vorlag, stellte er die kursierenden Varianten zusammen und wählte darunter umsichtig die plausibelste aus. Vermutlich ging auf ihn die Einrichtung einer Lectura Dantis in Florenz zurück. 1373 wurde Boccaccio jedenfalls als Erster mit dieser Lehrverpflichtung betraut. In der Kirche Santo Stefano in Badia las er den jeweiligen Gesang, glossierte dann einzelne Verse und legte danach die Sinnschichten offen. Am Schluss rezitierte er nochmals den Gesang. Vermutlich aus gesundheitlichen Gründen brach er seine stark besuchten Lesungen mitten im Inferno ab. Sie sind als Kommentar auf uns gekommen. Demnach plädiert auch Boccaccio für eine allegorische Lesart. Die Institution der Lectura Dantis breitete sich von Florenz auf andere italienische Städte aus. Nach 1800 wurde sie in die Welt der Dantophilen hinausgetragen und wird bis heute vielerorts praktiziert.

Anfang des 15. Jahrhunderts verebbte die Flut von Kommentaren, das Interesse an «El Dante» hingegen nicht. Sogar außerhalb Italiens finden sich Leser. Ob es die Anspielungen und Dante-Verarbeitungen des großen mittelenglischen Autors Geoffrey Chaucer – in *The House of Fame* oder den *Canterbury Tales* – sind oder ob die *Komödie* über andere Kanäle englischen Kardinälen zu Ohren kam, jedenfalls geben sie auf dem Konzil von Konstanz um 1416 den Auftrag zu einer lateinischen Übersetzung, um die *Komödie* außerhalb Italiens bekannt zu machen – mit geringem Erfolg. In Frankreich finden sich bei Christine de Pizan, der Tochter eines Italieners, Spuren einer Dante-Rezeption. In Deutschland erwähnt Hans Sachs im 16. Jahrhundert den «Poet(en) von Florenz».

Als in den 1470er Jahren mehrere Buchdruckereien in kleineren italienischen Städten das Geschäft witterten, das sich mit der *Komödie* machen ließ, geriet Florenz unter Zugzwang. Der Humanist Cristoforo Landino wurde von der Stadt beauftragt, für die Drucklegung der *Komödie* einen Kommentar zu verfassen. Zugleich erging an Sandro Botticelli der Auftrag, Vorskizzen für Holzschnitte anzufertigen. Seine berühmten Zeichnungen entstanden erst später. 1481 wurde der üppige Band feierlich im Palazzo della Signoria überreicht, gleichsam eine symbolische Heimführung des großen Florentiner Dichters. Der Humanist Landino hatte sich darin nicht nur die Einsichten der frühen Kommentatoren zu eigen gemacht, sondern der *Komödie* obendrein ein sehr zeitgemäßes, neuplatonisches Renaissancegepräge verliehen. Die Jenseitsreise erzählt demnach nichts anderes als den Aufstieg der im Körper befangenen Seele aus dem Materiellen ins Immaterielle bis zur Kontemplation des Göttlichen.

Als Lehrer am Florentiner Studio hat Landino mit seiner Auslegung viele von den Medici geförderte junge Künstler beeinflusst. Vielleicht sind die Anekdoten erfunden, wonach sich auf den Plätzen von Florenz der junge Michelangelo und Leonardo da Vinci gegenseitig ihre Dante-Expertise streitig machten. Aber selbst wenn, wäre das für das grassierende Dante-Fieber unter Malern und Bildhauern der Renaissance aufschlussreich. Sandro Botticelli – später von Vasari dafür verspottet – erstellte aus freien Stücken einen Kommentar in Gestalt von Zeichnungen, von denen viele in Berlin zu bewundern sind, zu fast allen Gesängen der *Commedia* (s. S. 99). Luca Signorelli verewigte in der San-Brizio-Kapelle im Dom von Orvieto Dante inmitten von Szenen aus dem Purgatorium auf einer Sockelwand (s. Cover). Michelangelo soll in seinem Exemplar der *Komödie*, das leider im 18. Jahrhundert verlorenging, viel gezeichnet haben. Der Charon unterhalb des Selbstporträts im Jüngsten Gericht der Sixtinischen Kapelle lässt keinen Zweifel am Ausmaß dieser melancholisch-masochistischen Identifikation mit dem großen Vorbild, die im Übrigen auch in Michelangelos Sonetten spürbar ist (s. S. 121). Der fulminante Aufstieg, das Selbstverständnis vieler italienischer Maler der Hochrenaissance gründet unter anderem auf ihrer Beschäftigung mit der Figur *Dantes* und seines Werkes.

2. Die *Komödie* als Anfang der modernen Dichtung: Die Rezeption in Europa nach 1800

Nach dem Ende des 16. Jahrhunderts, innerhalb der Hochzeit der Klassik, verlor die Rezeption der *Komödie* sogar in Italien an Schwung. Das hing mit den strengen Regeln klassizistischer Poetik zusammen. Im nun tonangebenden Frankreich heftete sich das Adjektiv «bizarre» an die Fersen der *Komödie*. Dennoch blieben Autor und Meisterwerk in welcher Form auch immer in ganz Europa ein Begriff. Voltaire, der als junger Mann Verse der *Komödie* übersetzte, witzelte noch darüber, wie zuträglich Dunkelheiten im Ausdruck, durch spätere Kommentare noch erhöht, dem Ruhm eines Werkes seien. Ende des 18. Jahrhunderts werden Dantes Verse, seine Bild- und Ausdruckskraft dann gerade auch in Frankreich neu entdeckt. In Europa beginnt eine rege Übersetzungstätigkeit, die bis auf den heutigen

Tag anhält und sich inzwischen auf fast alle Sprachen unseres Globus erstreckt.

Die Wiederentdeckung Dantes um 1800 vollzieht sich in Frankreich, Deutschland und England gleichzeitig. Es stimmt, dass Zeitgenossen Ende des 18. Jahrhunderts, etwa in Weimar, manches daran weiterhin kraus vorkam. Goethe dämpft denn auch seine Bewunderung für die Dichternatur Dantes ein wenig ab, wenn er Eckermann 1828 sagt: «Dante erscheint uns groß, aber er hatte eine Kultur von mehreren Jahrhunderten hinter sich.» In dem von ihm aufgebrachten Begriff der Weltliteratur findet Dantes *Komödie* gleichwohl unangefochten Platz. August Wilhelm Schlegels Diktum, wonach Dante neben Shakespeare der Vater oder Ursprung moderner Poesie sei, öffnet dem Siegeszug Tür und Tor, den Dante durch die westlichen Kulturen nun antritt. Was im Klassizismus großes Unbehagen ausgelöst hatte, namentlich die Synthese heterogenster Elemente, das wird um 1800 zum Inbegriff neuer, wie es heißt, moderner Dichtung.

In der ersten Hälfte des 19. Jahrhunderts wird ein gelegentlich irrwitziger Kult um Dante getrieben. Gustave Dorés Illustrationen der *Komödie* von 1861 sind ein später Ausläufer dieser romantischen Sicht auf das Werk (s. S. 65). Dichter wie bildende Künstler begeisterten sich für den jugendlichen Liebhaber der schönen Beatrice, für die erste große Liebesgeschichte der christlichen Literatur. In Dante glaubten sie, ihr eigenes Unbehagen an der allein dem Geld verschriebenen bürgerlichen Gesellschaft wiederzufinden. Wie er fühlten sie sich entwurzelt und ausgeschlossen, im inneren oder äußeren Exil. Wie er suchten sie Halt in der Kunst oder gelangten über ihn sogar zum katholischen Glauben, besonders deutsche Romantiker. Die zum Teil eigenwilligen künstlerischen Aneignungen Dantes wurden sekundiert von Gelehrten und Publizisten, die ausschwärmten und in Archiven Material zu und um den Dichter herum auftrieben. Es setzte sogar eine Art Tourismus auf Dantes Spuren ein. In der zweiten Jahrhunderthälfte institutionalisierte sich die Begeisterung. In Dresden wurde 1865 die erste Dante-Gesellschaft gegründet. Der Rechtshistoriker und Dante-Spezialist Karl Witte

Michelangelo Buonarroti: Das Jüngste Gericht (Ausschnitt) in der Sixtinischen Kapelle (1536–41). Im unteren Teil links Charon auf dem Boot und rechts Minos, wie Dante sie beschreibt. Links oben, auf der von Bartholomäus gehaltenen Haut, ein Selbstporträt des Malers.

war ihr Initiator, ihr Schirmherr König Johann von Sachsen, der unter dem Namen Philaletes 1822 seine Übersetzung der *Commedia* begonnen hatte. 1881 entstand in Harvard das amerikanische Pendant, das der Dichter und Dante-Übersetzer Henry Wadsworth Longfellow und Charles Eliot Norton neben anderen ins Leben riefen. 1888 nahm die Società dantesca in Florenz ihre Arbeit auf.

Im Italien des 19. Jahrhunderts wurde Dante, der stets die Zerrissenheit Italiens und die Fremdherrschaft beklagt und bekämpft hatte, zu einer Galionsfigur des Risorgimento. Seine Invektive aus dem sechsten Gesang des Purgatoriums *Ahi serva Italia* lieferte die Vorlage für manchen italienischen Dichter, darunter den jungen Giacomo Leopardi, die ihr Land endlich von der österreichischen und spanischen Herrschaft befreit und zu der alten – römischen – Größe zurückkehren sehen wollten. In den großen Städten wird Geld gesammelt, um Dante-Statuen zu errichten. 1865 wird die Monumentalstatue vor Santa Croce in Florenz als Symbol der Vereinigung Italiens enthüllt. In Trient ahnte die österreichisch-ungarische Verwaltung hinter dem Wunsch der Bürger nach einem Denkmal für den großen Poeten zu Recht das eigentliche politische Ansinnen. Und diese nationalistische Vereinnahmung Dantes macht merkwürdigerweise vor anderen Ländern nicht halt. Französische Gelehrte begreifen Dantes *Komödie* in den 1830er Jahren als eine logische Konsequenz des großen französischen Mittelalters. Im Deutschland des 20. Jahrhunderts stellte man die wahnwitzige These auf, Dante sei kein Florentiner, sondern ein nach Italien verirrter Deutscher gewesen. Afroamerikanische Autoren, darunter Ralph Ellison, werden sich von 1900 an mit *dem* Dichter des Exils identifizieren, von dem sie lernen, ihre auf Erden gelebte Hölle auszudrücken, aber auch sich aus ihrer Position am Rande über die Dichtkunst den Weg in die Weltliteratur zu bahnen.

Es konnte nicht ausbleiben, dass die vormalige romantische Verklärung des jungen Dante und seiner Beatrice, der Kult um den erhabenen gestrengen Mann mit der Adlernase den Spott der Jüngeren erregte. Von Charles Péguy überliefert André Gide das *mot admirable*: «Dante! ... leur Dante, c'est un touriste!»

Aber Dantes *Komödie* lässt die Autoren der Moderne keineswegs kalt. Sie sind fasziniert von seiner Wortkunst, seinen klanglichen Experimenten, seinen Bildern und Metaphern. Ob in Russland bei Ossip Mandelstam, im Englischen bei T. S. Eliot, Ezra Pound oder später Samuel Beckett, ob in Frankreich oder in Südamerika, etwa bei Jorge Luis Borges, die Lektüre von Dantes *Komödie* hörte nicht auf, Dichtern ein Ansporn und Vorbild zu sein. Diese Autoren sind es vor allem, denen die *Komödie* ihre bis heute sakrosankte Kanonisierung unter den «Great Books» verdankt.

Und dass das trotz des sich überstürzenden kulturellen Wandels noch eine Weile so bleiben wird, dessen versichert uns der erstaunliche Erfolg Dantes in sämtlichen Branchen der Unterhaltungsindustrie, in den Computerspielen, in denen ein Protagonist die Gefahren der Hölle überwindet, um – frei nach Dante – mit der Dame seines Herzens vereint zu werden, in dem Trivialroman *Inferno* eines Dan Brown oder in Comics auf der ganzen Welt, überall hinterlässt Dante Spuren, vor allem natürlich die Horrorszenarien seines Infernos. Er ist nach wie vor aktuell.

3. Die *Commedia* übersetzen

Übersetzer sind Verräter, das gilt für jede Übersetzung, insbesondere aber für die der *Commedia*. Dennoch gibt es bis heute unter den Dante-Gelehrten, -Spezialisten und -Fans kaum einen, der nicht damit geliebäugelt hätte, die *Commedia* in die eigene Sprache zu übertragen. Denn dieses Übertragen in die eigenen Worte ist ein wunderbarer Weg, in das Werk einzudringen. Aus solchen Übersetzungen sind zum Teil großartige Kommentare hervorgegangen. Im deutschsprachigen Raum sind etliche Übersetzungen im Handel. Wer an dem für heutige Ohren etwas altertümelnden Deutsch des 19. Jahrhunderts keinen Anstoß nimmt, der wird sowohl an Karl Wittes Bemühungen von 1865 als auch an Philaletes' Version von 1840 Gefallen finden. Die Übersetzungen, die zu Beginn des 20. Jahrhunderts Stefan George (nur Auszüge) und, in einem erfundenen mittelalterlichen

Deutsch, Rudolf Borchardt 1930 wagten, sind vermutlich weniger für Dante als für die Übersetzer aufschlussreich. Nach wie vor lesenswert, auch wegen des Kommentars, ist die Übertragung von Hermann Gmelin von 1951, aus der in diesem Buch zitiert wird. Im 21. Jahrhundert erschienen allein in Deutschland zwei Neuübersetzungen, eine von Kurt Flasch und eine Interlinearübersetzung von Hartmut Köhler, die vor allem für die des Italienischen Mächtigen interessant sein könnte.

Weiterführende Literatur

Das Feld der Dante-Studien ist nicht zu überschauen. Auf Deutsch sind nach wie vor die Studien von Ernst Robert Curtius (*Europäische Literatur und lateinisches Mittelalter*), Hugo Friedrich (*Die Rechtsmetaphysik der Göttlichen Komödie*) und vor allem Erich Auerbach (*Dante als Dichter der irdischen Welt*; *Mimesis*) zu empfehlen. Wer sich genauer informieren will, sollte dem link http://dantesca.org/cms/ zur *Bibliografia dantesca* folgen, über den die gesamte internationale Forschung zugänglich ist.

Bildnachweis

S. 13: Domenico di Michelino, akg-images/Rabatti & Domingie
S. 43: Codex von Altona, Wikimedia
S. 65: Gustave Doré, akg-images
S. 75: Eugène Delacroix, akg-images
S. 99: Sandro Botticelli, bpk/Kupferstichkabinett, SMB/Philipp Allard
S. 121: Michelangelo, zit. n. Alberto Angela: Viaggio nella Cappella Sistina, Mailand 2013

Zeittafel

1265 (?) Vermutlich Ende Mai, im Sternzeichen der Zwillinge, wird Dante Alighieri in Florenz geboren. Sein Vater Alighiero di Bellincione heiratete nach dem frühen Tod seiner Frau Bella nochmals.

1266 Am 26. März auf den Namen Durante im Baptisterium getauft.

1271 Am 9. Januar Ehevertrag mit Gemma di Manetto Donati.

1274 (?) Erste Begegnung mit Beatrice, die Boccaccio als Bice di Folco Portinari, später die Frau von Simone dei Bardi, identifiziert.

1281–86 Nach dem Tod des Vaters ist Dante das Oberhaupt der Familie Alighieri. Dennoch hat er Zeit zum Dichten und Studieren, eventuell bei Brunetto Latini (gest. 1293). Bekanntschaft mit seinem «ersten Freund» Guido Cavalcanti. Auf diese Jahre wird *Il Fiore / Detto d'Amore* datiert, eine partielle Übersetzung des *Roman de la Rose*.

1287 In einem Bologneser Memoriale findet sich erstmals die Abschrift eines Gedichts von Dante.

1288 (?) Heirat mit Gemma. 1289 wird der Sohn Iacopo geboren (gest. 1348), 1300 (?) Pietro (gest. 1364) und die Tochter Antonia (gest. vor 1371).

1289 Dante nimmt am Feldzug gegen Arezzo teil. Am 11. Juni Schlacht von Campaldino. Definitiver Sieg der Guelfen.

1290 Am 9. Juni Tod Beatrices.

1293 Beginn intensiver philosophischer Studien.

1295 Abschluss der *Vita Nova*, in der Dante seine frühen Gedichte zusammenstellt und in die Geschichte seiner Liebe zu Beatrice einbettet. Im Herbst Beginn seiner politischen Karriere.

1297 Zusammen mit seinem Bruder nimmt Dante den ersten Kredit auf, Anzeichen für den wirtschaftlichen Niedergang der Familie Alighieri.

1300 Um Ostern besucht er Rom (?). 15. Juni bis 15. August Prior von Florenz.

1301 Am 1. November Sturz der Bianchi in Florenz.

1302 Am 27. Januar wird Dante in Abwesenheit der Bestechlichkeit im politischen Amt für schuldig befunden. Er wird für 2 Jahre verbannt, darf keine politischen Ämter mehr bekleiden und soll eine hohe Geldstrafe zahlen. Im März Todesurteil und Beschlagnahmung aller Güter.

1303 Im Frühjahr erster Besuch in Verona bei Bartolommeo della Scala. Anfang Juli distanziert sich Dante von den Bianchi.

1305 Aufenthalt in Bologna (?), am Hof der Malaspina in der Lunigiana. Arbeit an den ersten drei Teilen des *Convivio* und an *De Vulgari Eloquentia.*
1307 Aufenthalt im Casentino (?). Ungefähr in dieser Zeit beginnt er mit der Arbeit an der *Komödie.*
1308 Aufenthalt in Lucca. Dante beendet den vierten Teil des *Convivio.*
1310 Kaiser Heinrich VII. zieht im Herbst nach Norditalien. Dante setzt hohe Erwartungen in ihn.
1311 Am 17. April fordert Dante den Kaiser auf, sich endlich um das rebellische Florenz zu kümmern. Daraufhin wird Dante von der Florentiner Amnestie ausgeschlossen.
1312–13 Am 29. Juni Kaiserkrönung in Rom; am 24. August Tod Heinrichs VII. Dante hält sich vermutlich in Pisa auf. Eventuell Arbeit am lateinischen Traktat *Monarchia.*
1314 Reise nach Norditalien. Vermutlich bis 1316 am Hof der Scaliger in Verona. Es finden sich erste Zeugnisse für die Zirkulation des Infernos.
1315 Am 19. Mai bietet Florenz Dante die Rückkehr an unter der Bedingung, förmlich um Vergebung zu bitten und eine hohe Geldsumme zu zahlen. Er lehnt das Angebot ab. Am 15. Oktober werden das Todesurteil und die Beschlagnahmung seines Besitzes bestätigt.
1317 *Epistola a Cangrande*, Zuschreibung umstritten.
1320 Am 20. Januar vermutlich Lektion zur *Quaestio de aqua et de terra* vor dem Veroneser Klerus in Sant'Elena. Zuflucht in Ravenna bei Guido da Polenta. Giovanni del Virgilio lädt ihn ein, nach Bologna umzusiedeln.
1321 Im August als Gesandter Ravennas nach Venedig geschickt, um einen Krieg abzuwenden. Auf der Rückreise erkrankt Dante an Malaria und erliegt am 13./14. September dem Fieber.

Register